江苏省
高等学校继续教育发展
年度报告

2019年

王成斌 ◎ 主编

吉林大学出版社

·长春·

图书在版编目（CIP）数据

江苏省高等学校继续教育发展年度报告.2019年/王成斌/主编.—长春：吉林大学出版社，2020.10

ISBN 978-7-5692-7389-2

Ⅰ.①江… Ⅱ.①王… Ⅲ.①高等学校—继续教育—研究报告—江苏—2019 Ⅳ.① G72

中国版本图书馆 CIP 数据核字（2020）第 206741 号

书　　名	江苏省高等学校继续教育发展年度报告（2019年） JIANGSU SHENG GAODENG XUEXIAO JIXU JIAOYU FAZHAN NIANDU BAOGAO（2019 NIAN）
作　　者	王成斌　主编
策划编辑	李潇潇
责任编辑	李潇潇
责任校对	马宁徽
装帧设计	中联华文
出版发行	吉林大学出版社
社　　址	长春市人民大街 4059 号
邮政编码	130021
发行电话	0431-89580028/29/21
网　　址	http://www.jlup.com.cn
电子邮箱	jdcbs@jlu.edu.cn
印　　刷	三河市华东印刷有限公司
开　　本	710mm×1000mm　1/16
印　张：	8
字　　数	112 千字
版　　次	2020 年 10 月　第 1 版
印　次：	2020 年 10 月　第 1 次
书　　号	ISBN 978-7-5692-7389-2
定　　价	68.00 元

版权所有　翻印必究

编审委员会

主　　编：王成斌

副 主 编：邵　进　张海防

专　　家：（按姓氏笔画排序）

马永兵　马宏建　王洪新　毕国平　刘希富

李友生　张一春　周智仁　封卫东　莫纪平

韩顺平　缪世林

参　　编：（按姓氏笔画排序）

马　捷　乔同彤　刘　琼　孙继功　杨文武

张东萍　骆　琼　徐　萍　鲁云霞

前　言

习近平总书记在党的十九大报告中指出，要"办好继续教育，加快建设学习型社会，大力提高国民素质"，并多次强调"我们依靠学习走到今天，也必然要依靠学习走向未来"，要推进建设"人人皆学、处处能学、时时可学"的学习型社会。为适应新时代继续教育发展要求，创新继续教育形式，加强学习型社会建设，完善继续教育质量监督，根据教育部统一部署，自2017年以来江苏省教育厅每年都要开展高等学校继续教育发展报告编制工作，系统反映江苏高校继续教育招生、教学和管理等办学基本信息，展示高校继续教育办学成果、办学特色，回应社会关切，接受公众监督。

2020年3月26日，江苏省教育厅印发《关于做好2019年度高等学校继续教育发展报告工作的通知》（苏教办高函〔2020〕4号），积极部署2019年度全省高等学校继续教育发展报告编制工作，对报告编制内容、编制要求和编制日程等事项做出详细安排。按照教育部《2019年度高校继续教育发展报告编制要点》和相关通知要求，全省127所高等学校（含成人高校和开放大学）及时组织编制本校2019年度继续教育发展报告，于2020年5月31日前顺利完成了文本和数据报送工作。其中，71所高校还报送了本校继续教育特色案例。

结合高校继续教育发展报告，江苏省教育厅及时组建撰写队伍，研究制定省级报告编写框架，集体开展继续教育政策研究、高校报告文本分析和相关数据统计，确保省级报告内容全面、表述得当、客观真实。《江苏省高等学校继续教育发展年度报告（2019年）》主要涵盖江苏省高校继续教育发展概况、专业建设、人才培养、质量保证、社会贡献和特色创新等方面，既体现了江苏高校继续教育发展的新动态、新举措和新亮点，也客观分析了江苏高校继续教育发展中存在的问题，并提出解决问题的思路和建议。

江苏省教育厅王成斌副厅长亲自指导编撰本书，江苏省教育厅高等教育处邵进处长负责审稿工作，徐萍、张海防具体承担全书统稿。全书编撰工作得到韩顺平、毕国平、封卫东、马宏建、李友生、王洪新、周智仁、缪世林、莫纪平、马永兵、刘希富、张一春等继续教育专家和学者的悉心指导，是集体智慧的结晶。孙继功、杨文武、骆琼、马捷、鲁云霞、张东萍、刘琼、乔同彤分别承担相关章节的撰写工作，陈然、姜联等同志承担数据统计工作，陈美、沈冲等同志承担调查和校对工作。在此谨向为本书做出贡献及关心支持编写工作的各界人士表示衷心感谢！

书中如有疏漏和不足，敬请批评指正！

编委会

2020年8月

目 录
CONTENTS

第一章 江苏省高校继续教育发展概况 ············· 1
    一、继续教育管理与办学情况 ··················· 1
    二、继续教育发展总体规模 ····················· 2
    三、江苏高校继续教育师资队伍情况 ············· 3

第二章 江苏省高校继续教育专业建设 ············· 5
    一、学历继续教育专业设置情况 ················· 5
    二、学历继续教育专业调整情况 ················· 8
    三、专业人才培养方案制定及调整情况 ··········· 9

第三章 江苏省高校继续教育人才培养 ············· 11
    一、学历继续教育人才培养 ····················· 11
    二、非学历继续教育人才培养 ··················· 24
    三、人才培养效果与评价 ······················· 28

第四章 江苏省高校继续教育质量保证 ············· 30
    一、加强继续教育教学支持 ····················· 30
    二、建立继续教育质量监督机制 ················· 32
    三、严格校外教学站点管理 ····················· 33

第五章 江苏省高校继续教育社会贡献 ············· 35
    一、深化产教融合,服务行业发展 ··············· 35
    二、建设教育强省,满足多元需求 ··············· 37
    三、对口教育帮扶,服务乡村振兴 ··············· 38

第六章 江苏省高校继续教育特色创新······41
一、思政教育引领，聚焦人才培养······41
二、创新培训模式，打造特色品牌······43
三、坚持需求导向，服务社会发展······44
四、深化教学改革，提升培养质量······45

第七章 江苏高校继续教育存在的问题和解决思路······48
一、当前存在的主要问题······48
二、解决思路和建议······50

第八章 江苏省高校继续教育相关数据表······53
表8-1 2019年江苏高校继续教育本专科招生情况 ······53
表8-2 2019年江苏高校继续教育本专科在籍生情况 ······60
表8-3 2019年江苏高校继续教育本专科毕业生情况 ······67
表8-4 2019年江苏高校继续教育本科学位授予情况 ······74
表8-5 2019年江苏高校非学历继续教育开展情况 ······77
表8-6 2019年江苏高校继续教育师资队伍及管理人员情况 ···87
表8-7 2019年江苏高校继续教育数字化学习资源建设情况 ···94
表8-8 2019年江苏高校继续教育师资队伍职称和学历构成情况 ···102
表8-9 2019年江苏高校继续教育与全日制教育各专业招生、在籍生人数对比情况 ······109

第一章　江苏省高校继续教育发展概况

2019年，在国家和省中长期教育改革和发展规划纲要指导下，按照全国教育大会精神和江苏省教育大会决策部署，江苏高校坚持"质量并举、优化结构、突出特色、协调发展"的继续教育办学方针，以继续教育人才培养为核心，围绕江苏教育事业发展整体目标，聚焦教育重点难点，深化继续教育改革，调结构、重服务、保质量，继续教育改革发展取得显著成效。

一、继续教育管理与办学情况

2019年，江苏省内举办学历继续教育（不含自学考试）的高校120所，其中本科院校49所、高职高专66所、独立设置成人高校4所和开放大学1所。多数民办高校和所有独立学院不具备学历继续教育办学资质。举办非学历继续教育的全省高校共120所。

（一）归口管理情况

作为学校的一项基本职能，江苏高校普遍将继续教育纳入学校总体发展规划。绝大多数高校设置继续（成人）教育学院或继续教育管理处等专门的管理机构，对继续教育工作实施归口管理，建立了相应的管理规章制度。继续教育管理部门代表学校对全校学历继续教育和非学历教育行使管理职能，负责学历继续教育招生、学籍、毕业生审核以及非学历教育审核、备案和监管工作。办学单位（二级学院）主要负责相应专业的教育教学、学员管理以及非学历培训的实施工作。

（二）继续教育办学内容与形式

高校继续教育包括学历继续教育和非学历培训两个部分，其中学历继续教育有高中起点专科、高中起点本科和专科起点本科三种不同层次，学习形式包括函授、业余、脱产、网络教育和开放教育。本年度报告中学历继续教育皆不包括自学考试。

二、继续教育发展总体规模

（一）学历继续教育办学规模

2019年，江苏高校学历继续教育办学规模总体增加。全省高校学历继续教育招生数、在籍生数、毕业生数分别是33.38万人、76.76万人、24.07万人，与2018年相比分别增加3.04万人、6.66万人、2.43万人。具体见图1-1。其中，南京大学和江南大学具备现代远程教育试点资格，2019年网络教育招生3.71万人（本科2.23万人、专科1.48万人），与2018年相比增加0.19万人。

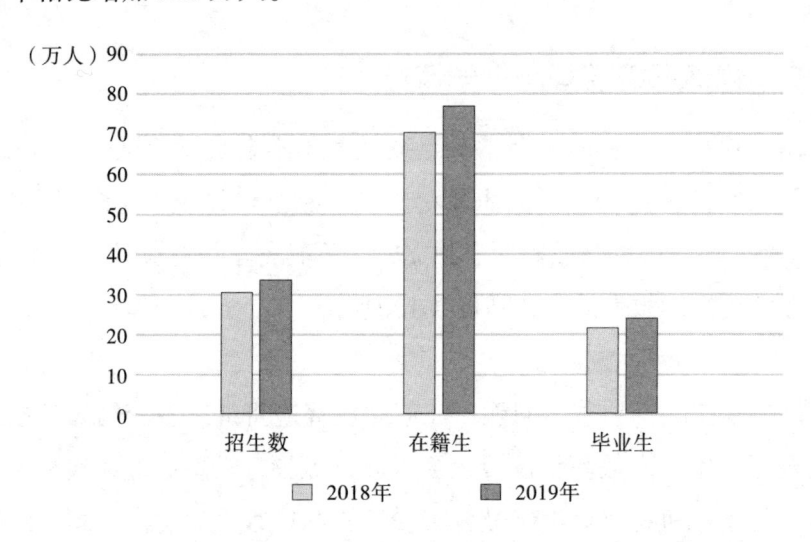

图1-1　2018—2019年高校学历继续教育办学规模

（二）非学历继续教育办学规模

江苏高校非学历教育办学规模逐年增长。2019年，江苏高校非学历培训合计2.52万班次，培训总规模达227.24万人次，培训总收入12.49亿元（见图1-2）。与2018年度相比，非学历培训总班次、总人次、总收入分别增加0.41万次、72.24万人次、1.88亿元，增长比例分别为19.43%、46.6%、17.72%。

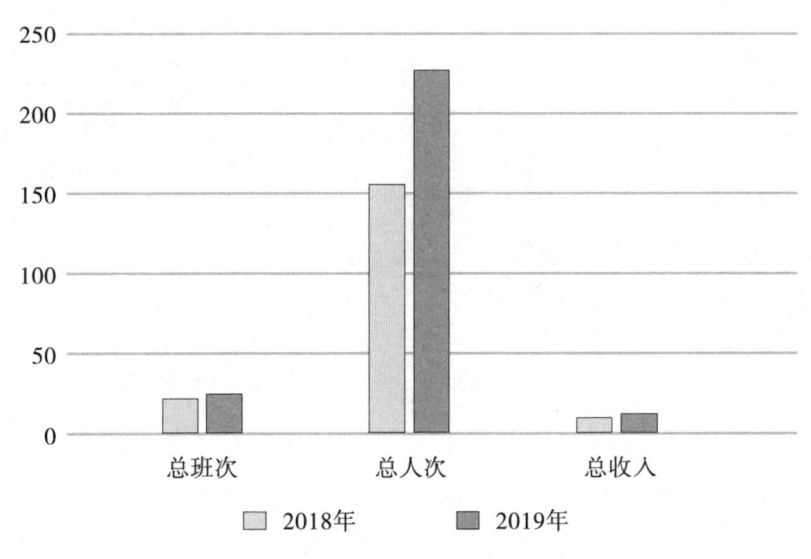

图1-2 2018—2019年非学历教育发展规模

三、江苏高校继续教育师资队伍情况

根据《中共中央 国务院关于全面深化新时代教师队伍建设改革的意见》《中共江苏省委 江苏省人民政府关于全面深化新时代教师队伍建设改革的实施意见》，江苏高校不断加强师资队伍建设，着力提升教师思想政治素质、师德水平、教学能力和管理水平，促进高校教师质量全面提升。

2019年，江苏省高校继续教育任课教师共计3.69万人，比2018年增加0.26万人，其中校内任课教师2.48万人，占教师总数的67.03%。校内任课教师中拥有副高及以上职称1.88万人，占任课教师总数的50.9%；

硕士及以上学历教师2.39万人,占任课教师总数的64.77%。高校基本建立和形成了以校内任课教师为主体,兼职教师为补充的学历继续教育师资队伍。

2019年全省高校学历继续教育管理人员共计0.68万人,与2018年规模持平。其中,专职、兼职管理人员分别为0.35万人、0.33万人,占管理人员总数比例分别为51.47%、48.53%。

第二章 江苏省高校继续教育专业建设

为加强高等学历继续教育内涵建设，优化专业结构，深化教学内容、课程体系、教学方法改革，提升人才培养质量，江苏省自2016年开始实施成人高等教育重点专业和精品资源共享课程建设，引领和促进高等教育专业建设水平和人才培养质量的整体提升。以此为契机，一大批贴近江苏省经济社会发展、适应继续教育需求的专业获得了政策和资金方面的支持，取得了良好的教学成效，专业集群效应逐步显现。经学校自主申报，专家材料审核和会议评审，2019年全省共有105个专业和257门课程获得第二批成人高等教育重点专业（含精品资源共享课程）建设立项。

一、学历继续教育专业设置情况

2019年，江苏高校学历继续教育学习形式有函授、业余、网络教育和开放教育，学习层次有专升本、高起本、高起专3种类型。全省学历继续教育本科专业涵盖工、理、管、经、文等12个学科门类（见表2-1），专科专业涉及62个类别（见表2-2）。

表2-1 2019年学历继续教育本科专业分类统计表

	工学	管理学	医学	理学	艺术学	农学	文学	教育学	经济学	法学	历史学	哲学
专业数量（个）	58	22	14	12	9	8	8	7	6	6	3	1

表2-2 2019年学历继续教育专科专业分类统计表

类别	专业数量（个）
艺术设计类	12
计算机类	10
机械设计制造类、农业类、铁道运输类	8
经济贸易类、水上运输类	6
畜牧业类、电子信息类、建筑设计类、食品工业类、自动化类	5
财务会计类、道路运输类、纺织服装类、教育类、汽车制造类、语言类	4
公共管理类、航空运输类、建设工程管理类、建筑设备类、市政工程类	3
安全类、测绘地理信息类、城市轨道交通类、船舶与海洋工程装备类、非金属材料类、工商管理类、化工技术类、金融类、临床医学类、旅游类、煤炭类、食品药品管理类、市场营销类、体育类、药品制造类、医学技术类	2
表演艺术类、餐饮类、电力技术类、法律实务类、房地产类、公共服务类、公共事业类、护理类、环境保护类、健康管理与促进类、康复治疗类、粮食工业类、林业类、气象类、生物技术类、水利工程与管理类、通信类、统计类、文秘类、药学类、渔业类、资源勘查类	1

（一）规范开展高等学历继续教育专业设置

积极开展政策宣传和研究。为贯彻落实《高等学历继续教育专业设置管理办法》要求，省教育厅高教处印发了《关于做好学历高等继续教育2019年拟招生专业填报有关工作的通知》，充分发挥江苏省高教学会高校成人教育研究会、省高校医学继续教育教学指导委员会和省高校继续教育信息化教学指导委员会等专家组织的作用，认真开展高校学历继续教育专业设置政策研究、组织集中评议等工作。

认真履行省级统筹职责。省教育厅加强高校学历继续教育专业设置工作的统筹指导和监管服务，明确要求普通高校全日制本科专业停招4年及以上、专科专业停招3年及以上的，原则上不再填报高等学历继续教育相应专业；对于上一年度未按时提交合规继续教育年度发展报告的学校，第二年不予新增招生专业；对招生办学有违规行为并经查实的高校，一年内不予新增招生专业。

根据《普通高等学校本科专业目录》《普通高等学校高等职业教育（专科）专业目录》和《高等学历继续教育补充专业目录》，结合经济社会发展需要和省内高校办学情况，省教育厅组织高校及时开展专业的梳理、调整和规范工作，通过专家集中评议后，120所高校全部按时提交并通过全国高等学历继续教育专业管理和公共信息服务平台招生专业申报。

（二）依托学科优势设置学历继续教育专业

全省高校紧贴社会需求，致力服务地方及长三角经济社会发展，充分发挥学科门类齐全、优势学科较多的综合优势，合理设置和发展学历继续教育专业，专业结构科学合理，专业特色鲜明。

对接区域产业转型升级和经济发展需求，结合高校优势和办学定位，形成各具特色的专业格局。高校优势学科具有一流的教师队伍和优质教学资源，为继续教育特色专业的建设奠定了坚实基础。江苏省2017年和2019年被遴选的成人高等教育重点专业基本包含了绝大多数的高校特色专业或者"双一流"学科专业。例如：中国矿业大学服务行业的函授站大多设置在煤炭企业集团的培训中心或煤炭行业的高职高专院校，所开设的专业大多为学校的优势和特色专业，这些专业的办学规模占70%以上；南京邮电大学依托本校信息科学的学科优势，根据社会发展和通信行业发展需求，重点培育通信工程、计算机科学技术等优势专业；南京财经大学在成教专业设置方面更集中呈现该校"大财经"的办学特点。

（三）契合社会需求合理设置招生专业

随着信息技术发展和大数据的应用，越来越多的高校实行开放办学，深入行业企业，准确把握和了解社会需求，合理设置学历继续教育招生专业。江苏财经职业技术学院及时收集地方和行业主管部门发布的人才需求信息，根据区域产业发展需要，调整或淘汰与经济发展不相适应、社会需求不足的专业；南京机电职业技术学院直接对接企业需求设置招生专业；常州工学院、建东职业技术学院、苏州市职业大学等高校则根据地方新兴产业增加专业；无锡商业职业技术学院为对接地方产业结构调整和转型升级而设置广告设计与制作、视觉传播设计与制作等文化创意类专业。

二、学历继续教育专业调整情况

在高等学历继续教育专业设置和管理政策的引导下，江苏高校积极服务国家发展战略和经济社会发展需要，及时调整继续教育专业结构和办学方向。2019年，全省有28所高校申请新增学历继续教育专业，每所高校新增专业数大体保持在1~3个。

（一）本科高校申报专科专业得到严格控制

2019年开始，教育部职业教育与成人教育司在全国范围内加强统筹专科层次专业，进一步规范本科高校专科专业招生。根据近年来社会需求和实际招生状况，有关高校对2017年既定且确需保留的专科专业逐一阐明保留理由，将招生区域向西南、西北等欠发达地区倾斜。经严格筛选和专家评估审定，全省50所普通本科院校中有16所获准在合计41个专业范围内继续招收高起专学员，招生专业大多属于艰苦行业，或者在省内外具有独特性，具体包括测绘与地质工程技术、煤矿开采技术、船舶工程技术、水利工程、农业经济管理、药学、审计、食品检测技术等。重点对南京大学、中国矿业大学、江南大学等9所保留专科层次专业招生的本科高校限制了招生区域和办学规模。

（二）高校主动停止学历继续教育招生

江苏省新增学历继续教育招生专业数整体不多，部分高校主动停止学历继续教育招生。为加快实现继续教育战略转型，充分发挥继续教育作为人才培养和服务社会的功能，扎实推进继续教育的融合发展、规范发展与和谐发展，创办与建设世界一流大学目标相匹配的一流特色继续教育，东南大学自2018年秋起停止学历继续教育招生，大力开展非学历教育培训。民办三江学院强化"控制规模、提升质量、适度发展、培训为主"，自2019年起对继续教育总体规划进行调整，对成人高等教育各校外教学点进行清理整顿，着眼加强成人高等教育在籍生的教学质量和教学过程管理，暂停成人高等教育招生。南京大学、江苏大学、江苏师范大学等一批高校以质量提升为目标，均不同程度减少了成人高等教育招生规模。

（三）及时调整学历继续教育招生计划

2019年，全省学历继续教育33.38万人，总招生规模中网络教育、开放教育分别招生37073人、22135人。其中，开放教育专科招生数量显著增长，达到并超过网络教育专科招生数。根据社会需求和往年招生情况，高校实时调整学历继续教育招生专业和招生人数。如江苏农林职业技术学院及时分析该校连续两年的学历继续教育招生情况并做出适当调整，南京工业大学则通过分析五年内的招生情况删减没有生源的部分专业，对生源量大、需求旺盛的专业进行重点发展。

三、专业人才培养方案制定及调整情况

立足本校实际，面向社会需求，坚持把人才培养摆在首要位置，按照成人高等教育办学定位和行业发展需要，科学制定学历继续教育人才培养方案。

（一）准确把握人才培养标准

认真学习和领会落实教育部《高等学历继续教育专业设置管理办法》等文件精神，积极参照教育部高等学校教学指导委员会《普通高等学校本科专业类教学质量国家标准》和教育部高职高专教学指导委员会《高等职业学校专业教学标准（试行）》，突出学历继续教育特点，制订人才培养方案。

（二）积极依托高校优质资源

高等学历继续教育专业一般依托学校已开办多年的全日制专业，具有较好的办学经验积累和较强的师资、管理队伍。以全日制专业人才培养方案为蓝本，结合应用型人才需求，吸收成人高等教育教学改革和教学研究成果，根据行业和社会需求，通过完善课程体系、修改课程教学大纲、强化实践教学等对人才培养方案加以调整和完善。

（三）体现继续教育自身特点

坚决贯彻落实党和国家立德树人的要求，构建通识课程模块，增加思想政治课学分占比，不断完善思政教育课程内容。同时，注重继续教育人才培养的应用性和实践性，增加应用性课程、技术性课程比例。淮阴工学院、江苏建筑职业技术学院邀请行业企业专家共同研究和开发课程，切实满足专业发展和行业企业对从业人员的知识需求，体现继续教育对象特点和继续教育办学特色。南京财经大学、南京林业大学、南通理工学院等高校重视和发挥学生的主体性作用，组织编写自学指导书，丰富学历继续教育人才培养路径。

（四）创新继续教育人才培养模式

随着现代信息技术发展和互联网的普及，江苏省高校积极开发和建设网络化教学管理平台，有效支持PC端和手机客户端，努力实现"人人皆学、时时可学、处处能学"，通过多样化支持服务切实满足各类继续教育对象的多元化学习需要。江南大学建立食品科学与工程专业虚拟仿真实验室，对继续教育学员有效实施远程实践教学。盐城工学院、江苏医药职业学院正在努力建设继续教育"平台＋资源"，积极推进校校合作人才培养。

第三章　江苏省高校继续教育人才培养

一、学历继续教育人才培养

（一）招生情况

1. 招生总数

2019年，江苏高校学历继续教育本、专科招生总数333870人，其中专科层次招生147642人，占招生总数的44.22%；本科层次招生186228人，占招生总数的55.78%（见图3-1）。其中，男生171134人、女生162736人，男女分别占比51.26%和48.74%（见图3-2）。年龄主要分布在18岁至33岁之间，平均年龄28岁。

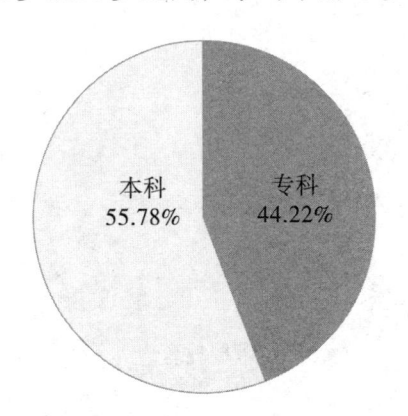

图3-1　本、专科招生数　　图3-2　男女生招生比例

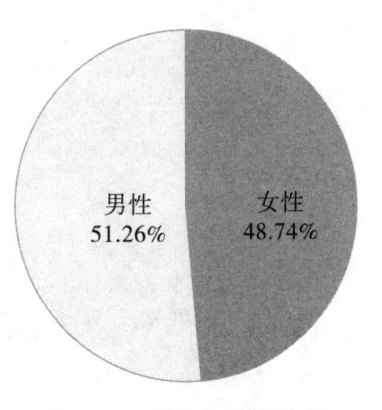

2. 招生构成

按院校类型划分，普通本科院校本、专科招生212478人，占招生总数的63.64%；高职院校专科招生95209人，占招生总数的28.52%；成人高校专科招生4048人，占招生总数的1.21%；开放大学本专科招生22135人，占招生总数的6.63%（见图3-3）。

按学习形式划分，函授招生206467人，占招生总数的61.84%；业余招生66960人，占招生总数的20.06%；脱产招生1235人，占招生总数的0.37%；网络教育招生37073人，占招生总数的11.10%；开放教育招生22135人，占招生总数的6.63%（见图3-4）。

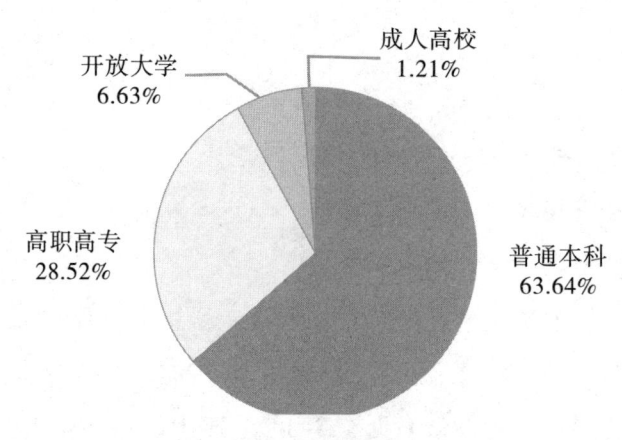

图3-3 各类型院校招生

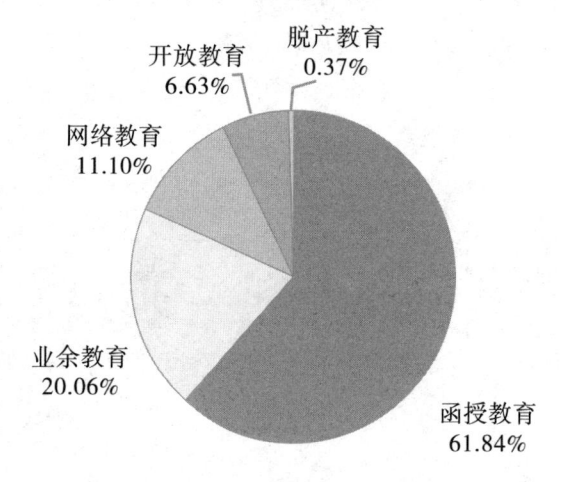

图3-4 各学习形式招生

3. 招生变化

2019年，江苏省高校学历继续教育共招生333870人，其中函授、业余、脱产、网络教育和开放教育分别是206467人、66960人、1235人、37073人、22135人。与2018年相比，函授招生增加36322人，业余招生减少7141人，脱产招生增加298人，网络教育招生增加1884人，开放教育招生减少938人，整体增加了30425人（见图3-5和图3-6）。

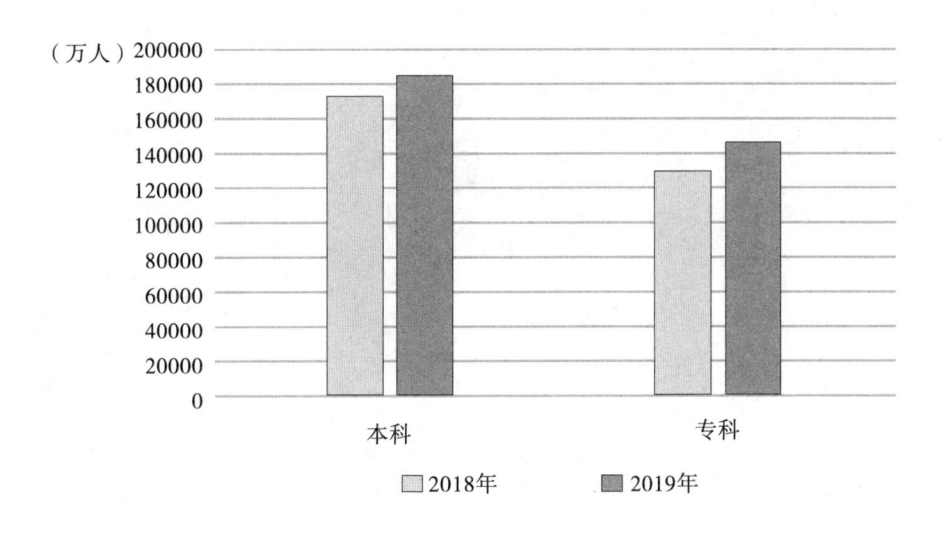

图 3-5　2018—2019年本专科招生情况

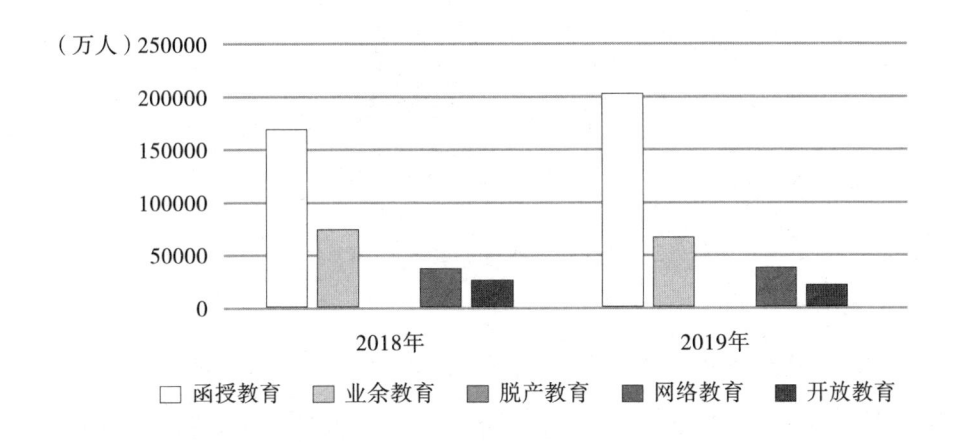

图 3-6　2018—2019年各学习形式招生数

（二）在籍生情况

1. 在籍生总数

2019年，江苏省高校学历继续教育在籍生共767630人，其中专科在籍生340567人，占总数的44.37%；本科在籍生427063人，占总数的55.63%（见图3-7）。其中，男生390835人、女生376795人，男女分别占比50.91%和49.09%（见图3-8）。年龄主要分布在17岁至40岁之间，在籍生平均年龄28岁。

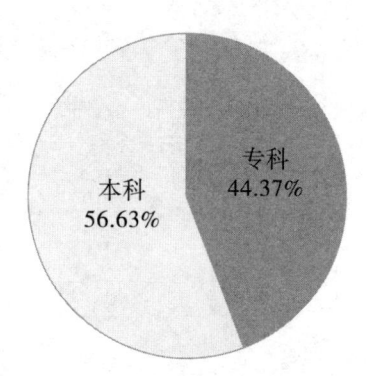

图 3-7　在籍生总数

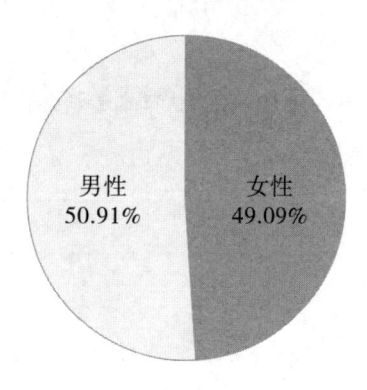

图 3-8　男女在籍生比例

2. 在籍生构成

按院校类型划分，本科院校在籍生514679人，占总数的67.05%；高职院校在籍生182046人，占总数的23.72%；成人高校在籍生9301人，占总数的1.21%；开放大学在籍生61604人，占总数的8.03%（见图3-9）。

按学习形式划分，函授在籍生418515人，占总数的54.52%；业余在籍生164012人，占总数的21.37%；脱产在籍生2532人，占总数的0.33%；网络教育在籍生120967人，占总数的15.76%；开放教育在籍生61604人，占总数的8.03%（见图3-10）。

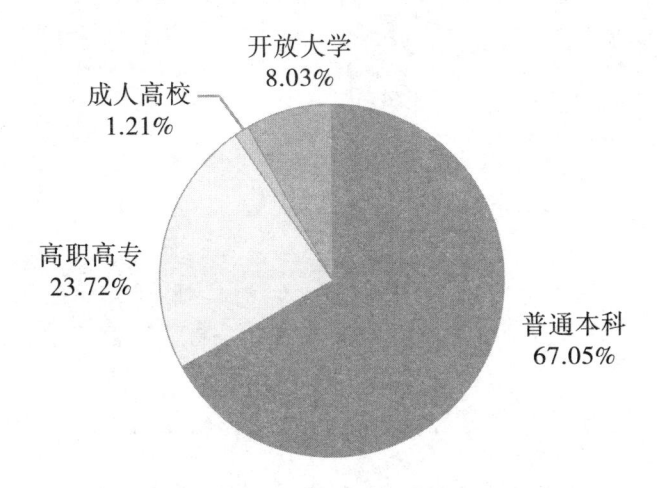

图 3-9　各类型院校在校生情况

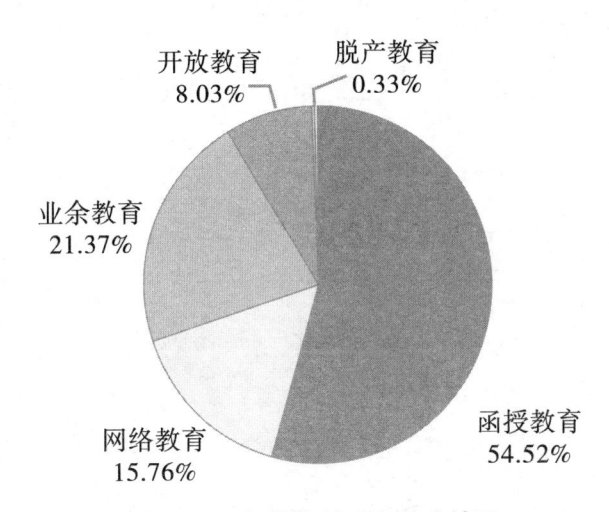

图 3-10　各学习形式在校生情况

3. 在籍生变化

2019年，江苏省高校学历继续教育在籍生总数767630人，其中函授、业余、脱产、网络教育和开放教育分别是418515人、164012人、2532人、120967人、61604人。与2018年相比，函授在籍生增加63744人，业余在籍生减少5492人，脱产在籍生增加219人，网络教育在籍生减少7685人，开放教育在籍生增加15806人，整体增加了66592人（见图3-11和图3-12）。

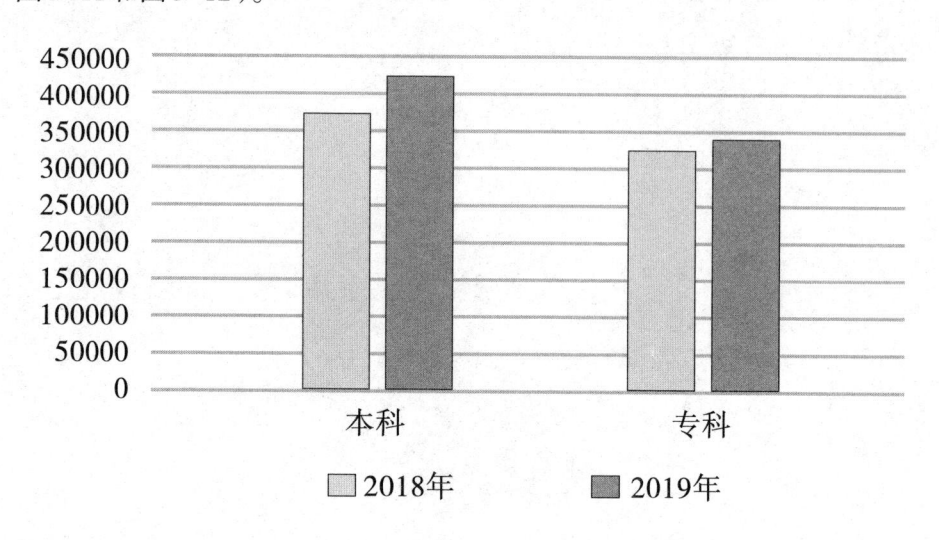

图3-11　2018—2019年本、专科在籍生数

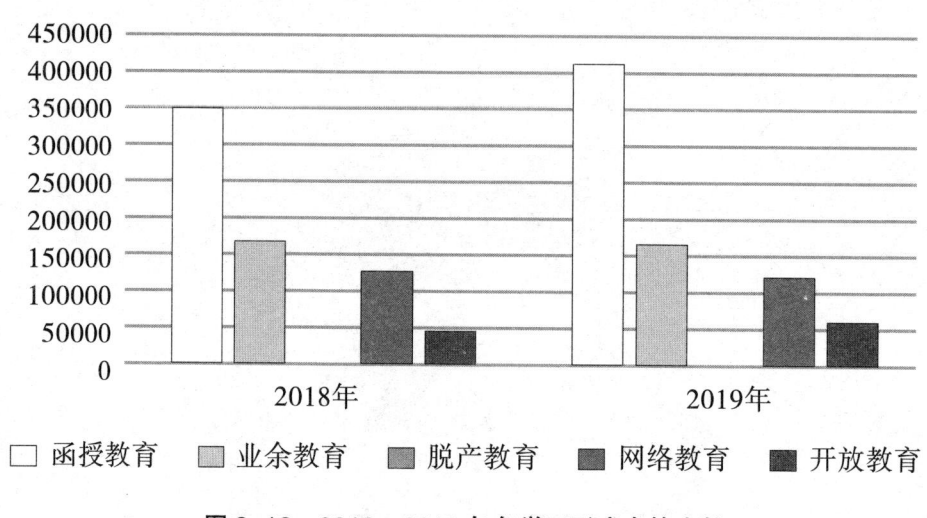

图3-12　2018—2019年各学习形式在籍生数

（三）毕业生情况

1. 毕业生总数

2019年，江苏省高校继续教育毕业生共240715人，其中专科毕业生113146人，占总数的47.00%；本科毕业生127569人，占总数的53.00%

(见图3-13)。其中,男生115007人、女生125708人,男女分别占比47.78%和52.22%(见图3-14)。毕业生年龄主要分布在20岁至38岁之间,平均年龄是29岁。

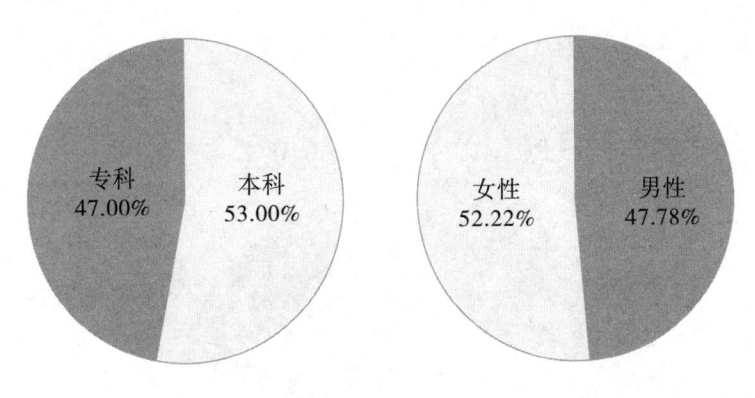

图3-13 本、专科毕业生　　图3-14 男女毕业生比例

2.毕业生构成

按院校类型划分,本科院校本、专科毕业生195520人,占总数的81.22%;高职院校专科毕业生36503人,占总数的15.16%;成人高校本、专科毕业生2350人,占总数的0.98%;开放大学毕业生6342人,占总数的2.63%(见图3-15)。

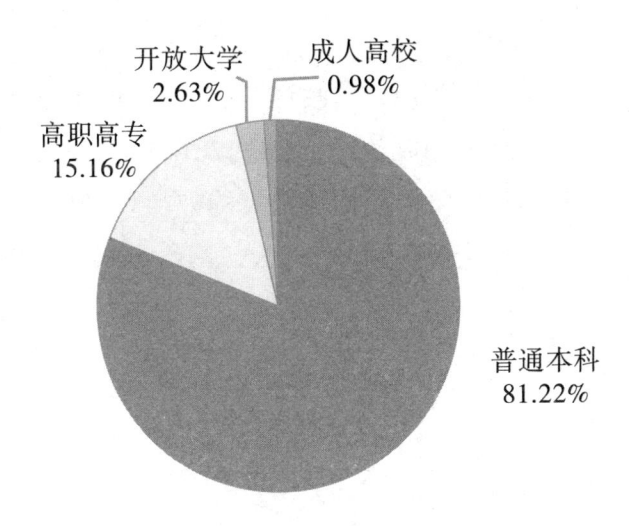

图3-15 各学习形式毕业生情况

按学习形式划分，函授毕业生128749人，占总数的53.49%；业余毕业生64068人，占总数的26.62%；脱产毕业生858人，占总数的0.36%；网络教育毕业生40698人，占总数的16.91%；开放教育毕业生6342人，占总数的2.63%（见图3-16）。

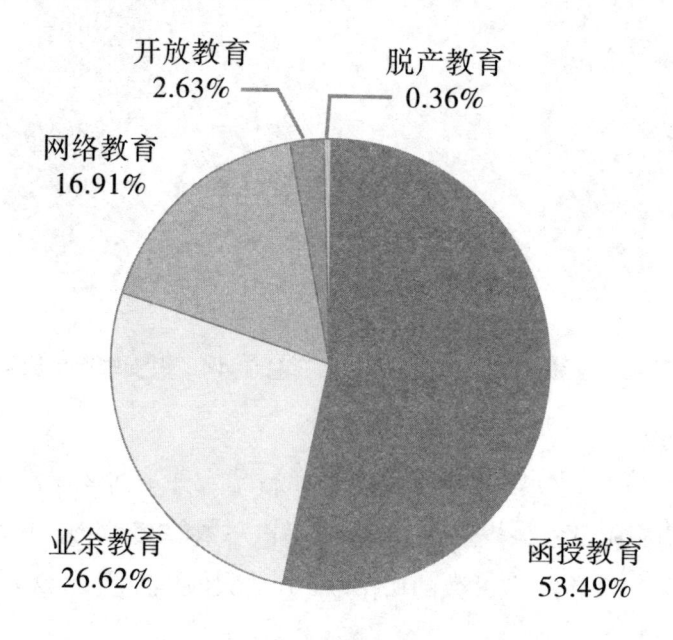

图3-16 各类型院校毕业生情况

3.毕业生变化

2019年，江苏省高校学历继续教育毕业生共240715人，其中函授、业余、脱产、网络教育和开放教育分别是128749人、64068人、858人、40693人、6342人。与2018年相比，函授毕业生增加8734人，业余毕业生减少490人，脱产毕业生增加156人，网络教育毕业生增加13175人，开放教育毕业生增加2678人，整体增加了24253人（见图3-17和图3-18）。

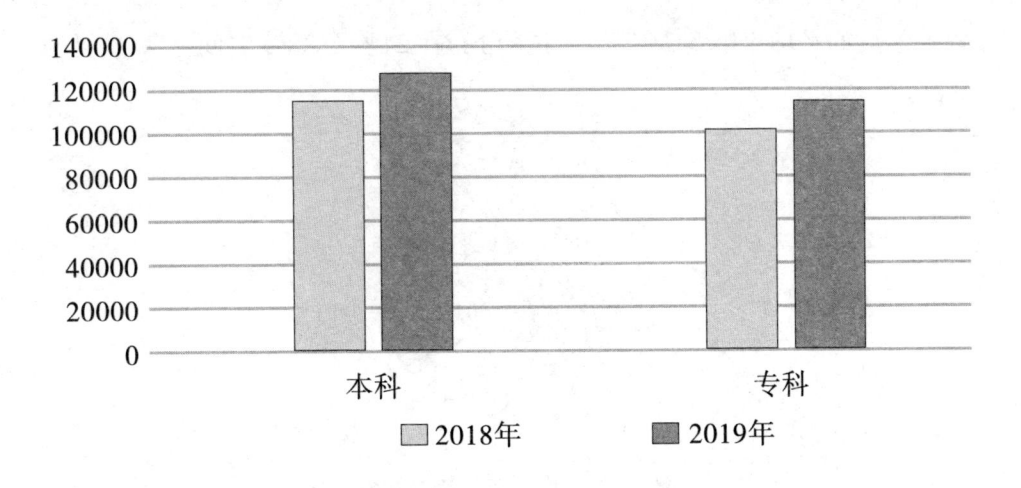

图 3-17 2018—2019 年本、专科毕业生

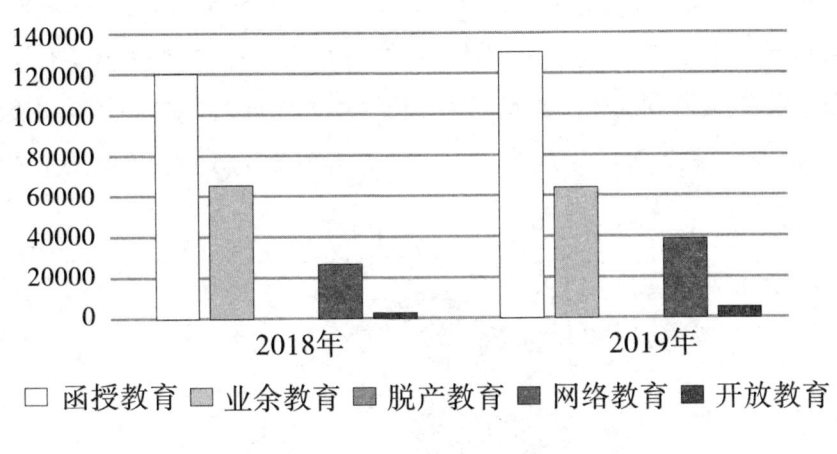

图 3-18 2018—2019 年各学习形式毕业生

（四）学士学位授予情况

1. 授学位总数

2019年，江苏省学历继续教育本科毕业生获取学位人数共计21307人，占当年本科毕业生总数的16.7%。其中，男生6384人、女生14923人，男女分别占比29.96%和70.04%（见图3-19）。获得学士学位继续

教育学员的平均年龄约28.7岁,主要分布在24岁至38岁之间。

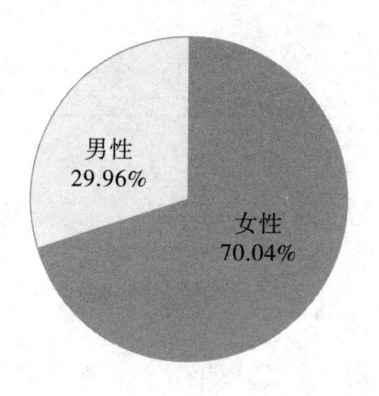

图3-19　授予学位男女比例

2.授学位数构成

按学习形式分,函授授予学位10834人,占授学位总数的50.85%;业余授予学位8250人,占授学位总数的38.72%;脱产授予学位1人,占授学位总数的0.00%;网络教育授予学位2184人,占授学位总数的10.25%;开放教育授予学位38人,占授学位总数的0.18%(见图3-20)。

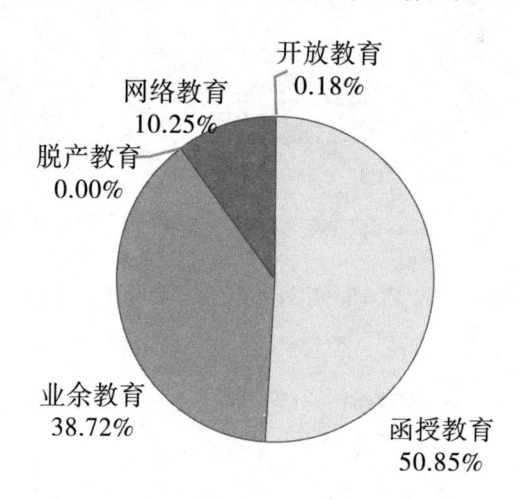

图3-20　各学习形式学位授予情况

按学位类别分,除了哲学和军事学外,其他门类都有毕业生获授成人学士学位。其中,理学、管理学和工学授予成人学士学位数量最多,分别占比34.03%、22.33%、18.60%。历史学授予学位人数最少，仅占授予成人学士学位总数的0.09%（见图3-21）。

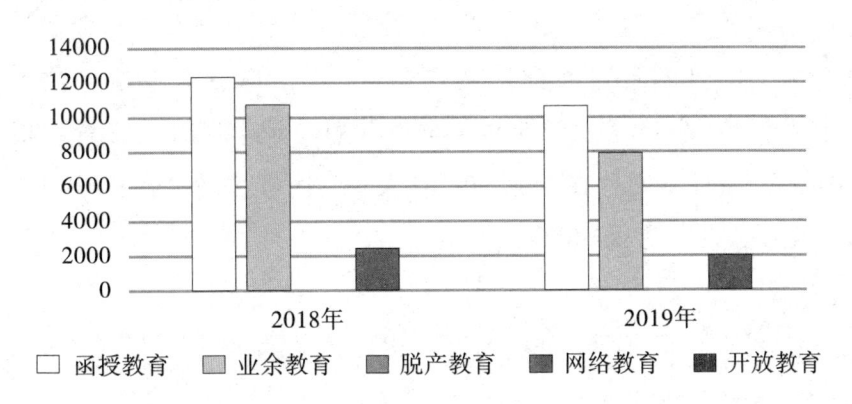

图3-21　各类别学位授予情况

3. 授学位数变化

2019年，江苏省高校学历继续教育授学位总数21307人，其中函授、业余、脱产、网络教育和开放教育分别是10834人、8250人、1人、2184人、38人。与2018年相比，成人学士学位授予人数减少了4424人（见图3-22）。

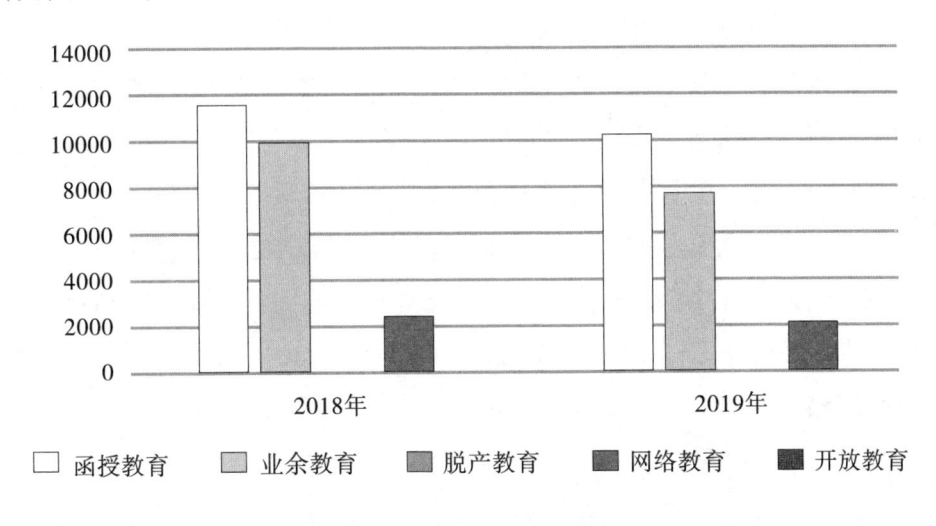

图3-22　各学习形式授予学位数

（五）学历继续教育与全日制教育专业招生、在校生数对比

江苏省普通高校依托各校的全日制本、专科专业开展学历继续教育的招生和教学工作。2019年，全省普通高校学历继续教育专业招生302206人，全日制专业共招生194560人，学历继续教育招生数与全日制专业招生数占比为155.33%；全省普通高校学历继续教育在校生687614人，全日制专业在校生649582人，学历继续教育在校数与全日制专业在校数占比为105.85%（见图3-23）。

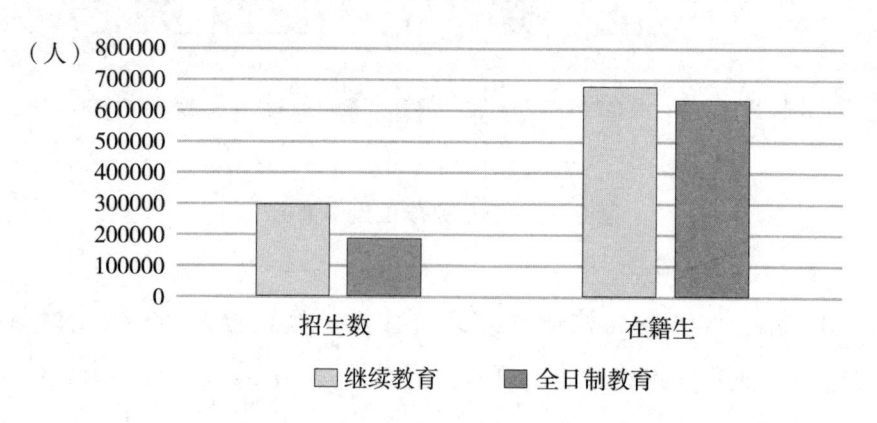

图3-23　学历继续教育与全日制专业招生、在籍生数对比

（六）人才培养模式与教学基本情况

2019年，全省高校举办学历继续教育校外教学站点共777个，同时南京大学、东南大学和江南大学三所高校共设立了140个现代远程教育校外学习中心。全省有90多所高校开展行业、企业合作办学，学历继续教育校企合作规模达82296人。105所高校建有教学教务管理平台，积极推进继续教育网络课程资源建设，网络课程数达到2.14万门。48所高校建有在线学习系统，15所高校有了APP应用，86所高校建有题库，45所高校建有案例库，继续教育信息化建设有了较快发展。

1.人才培养模式层次、类型多样

江苏高校依据本校人才资源与专业优势，以市场需求为导向，结合继续教育办学特点，设置相应招生专业，增设校外教学点，利用线下面授、在线学习、线上与线下相结合等多种教学方式，采取函授教育、业

余教育、脱产教育、网络教育和开放教育等多种学习形式，建立了高起专、高起本和专升本多层次多类型人才培养体系。深化产业与教育融合，根据产业需求制定继续教育人才培养方案，采取订单式培养，校企联建共建方式，主动送教上门，服务经济社会，不断探索适合市场需求的继续教育人才培养模式。

（1）中国矿业大学采用"送教上门"培养模式，培养煤炭企业急需人才。学校把课堂设在特定企业集团，派专业教师到企业集团面授教学，辅以课程在线学习及辅导。2019年，学校在贵州盘州六盘水恒鼎、市政府能源局、紫森源三家单位，以及内蒙古芒来矿业和浙江浙能消防公司，分别举办采矿工程、消防工程、煤矿开采技术等专业"送教上门"班，办学规模333人。

（2）金陵科技学院深化校企合作，联合企业培养人才。学校主要采取企校联建、订单式培养、企校共建三种模式为企业培养专业技术人才。企校联建模式：与企业签订合作办学协议，采取引企入校方式，把部分校区作为双方开展继续教育的教学基地。订单培养模式：以土木工程专业为试点，对接地方建筑企业，签订订单式培养协议，学校按企业需求设计教学计划。共建专业模式：以电气工程及其自动化专业为试点，企业参与学校共同建设，搭建紧密型合作基地。

（3）江南大学实行"学分制"人才培养模式。学校对继续教育学员试行学分积累与转换制度，实现不同类型学习成果的互认和衔接，促进各类继续教育的融合，既减少了课程教与学的重复，又能促进学员专注于规定课程的学习，继而提高学习效率和教学质量。

2.继续教育教学规范有序

重视专业课程建设，及时优化课程体系，根据专业人才培养方案和市场需求的变化及时调整课程内容。及时修订继续教育教学计划、教学大纲，认真落实开课计划，循序渐进地开展教学活动。除南京大学、东南大学、江南大学开展现代远程教育外，多所高校也开始了混合式教学模式的探索和实践，将继续教育面授辅导和在线学习紧密结合，相互促进。加强继续教育教学过程管理，严肃考风考纪，严把考试考核，做到有违必究。

（1）南京财经大学适时修订教学文件。学校严格执行教学计划，及时优化课程体系，采取面授与网络教学相结合开展教学工作。2019年组织专门人员，紧扣专业人才培养方案，对学历继续教育课程大纲进行大规模修订，组织编写了公共课程和部分专业课程的自学指导书。对使用频率较高的视频课程持续进行更新，在每个课程结束时增加1~2学时的课程串讲，将本课程的知识点从头到尾梳理一遍，帮助学员记忆关键知识点。

（2）常熟理工学院认真落实教学管理环节。学校高度重视继续教育教学工作，积极开展人才培养方案修订，严格执行教学计划和规定课程，精心安排教学课表和任课教师，认真实施课堂教学。对教师教学情况、学生作业情况、考试纪律、日常教学等进行抽查和监督管理，保证日常教学工作的顺利进行。强化考试管理，严肃考风考纪，规范开展考试安排、考试组织、试卷批改、成绩录入等考务工作，认真做好并保存相关考场记录，确保学历继续教育教学资料真实、完整、有效。

二、非学历继续教育人才培养

（一）非学历教育对象和高校数量

江苏高校非学历继续教育对象主要包括党政管理人员、企事业管理人员、专业技术人员、农村实用人才、在职教师、在校大学生和其他人员等；培训类型主要包括专业技能、知识普及型、岗位/资格证书、综合能力提升等类型。

2019年，江苏开展党政管理人员培训的高校52所，年培训27.4万人次；开展企事业管理人员培训的高校75所，年培训13.5万人次；开展专业技术人员培训的高校88所，年培训59.7万人次；开展在职教师培训的高校44所，年培训21.7万人次；面向在校大学生开展培训的高校68所，年培训28.5万人次；面向其他人员开展培训的高校55所，年培训76.2万人次

（见图3-24）。

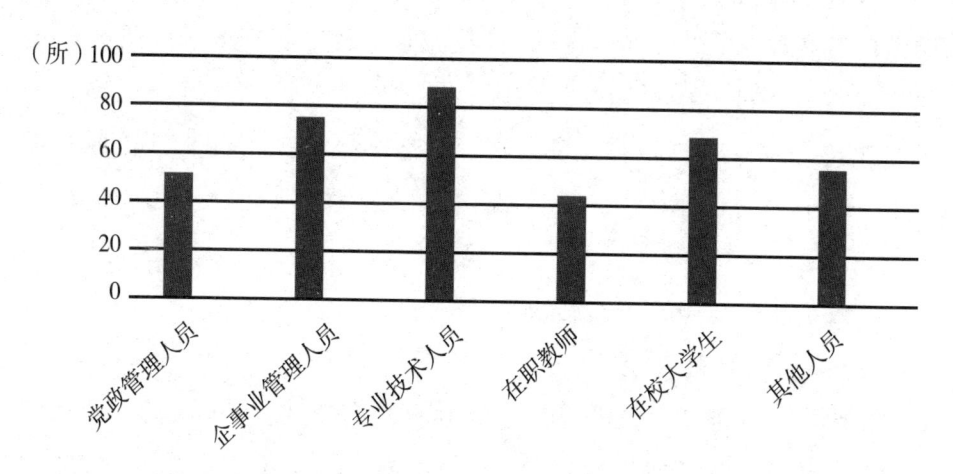

图3-24　开展各类非学历培训高校数

（1）苏州大学非学历培训蓬勃发展。学校着重面向党政机关及事业单位干部、教育系统、卫生系统、行业企业、专业技术人员等开展非学历继续教育，2019年共承办各类非学历培训班1145期79901人次。其中，党政管理人员培训45990人次，专业技术人员培训31951人次，企业经营管理人员1116人次，职业技能提升844人。学校培训主要采用"线上+线下"结合的教学模式。线下即根据学员对象和培训目的确定培训课程，进行现场课堂授课、案例评析、主题研讨等。线上即利用信息化技术搭建"职业技能云平台"，通过"自建+购买+交换+租用"的方式，不断建设和储备专业课程，形成具有苏州大学特色的网络培训课程群。

（2）南京航空航天大学通过非学历培训提升社会影响力。学校结合经济社会热点创新培训课程，面向党政机关、企事业管理人员、技术人员以及面向社会人员开展专项能力培训、证书培训和专场讲座。2019年共完成培训12000人次，培训收入1579万元。其中面向政府和职能部门举办了能力提升、领导干部高校专题培训等各类培训班，完成面向领导干部的培训2000余人次，充分利用培训平台展示学校风貌，提升学校社会影响力。

（3）常州机电职业技术学院积极开展职业技能等非学历培训。学校面向装备制造产业、信息产业、服务业、教育等行业企业管理人员和专业技术人员、中高职院校教师、新型职业农民、社区居民等开展了职业技能、专项技能、师资培训、社区教育等项目的非学历教育培训491班次，培训学员31091人次，非学历教育培训总收入1386.89万元。

（二）非学历教育开展情况

1. 高校非学历教育规模

2019年，江苏省开展非学历继续教育的高校共有120所。全省高校非学历培训全年总收入12.49亿元，全省高校非学历培训总班次25210班次，总人次2272449人次，其中党政管理人员培训3309班次，总计274128人次；企事业管理人员培训1499班次，总计134965人次；专业技术人员培训5722班次，总计597420人次；在职教师培训1234班次，总计217920人次；在校大学生培训3747班次，总计285803人次（见图3-25和图3-26）。

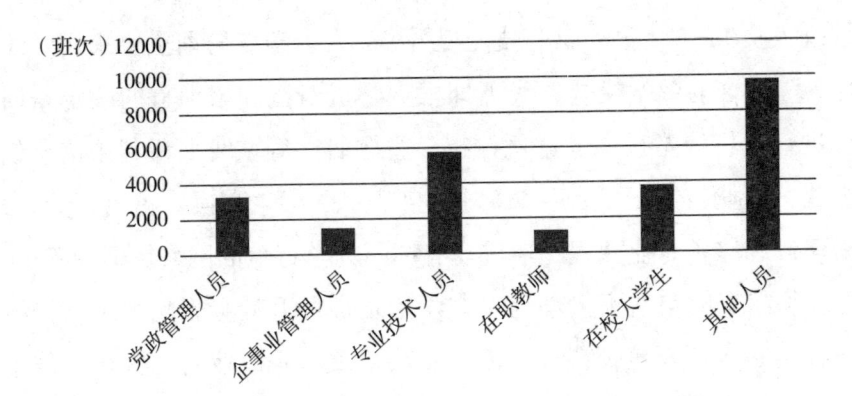

图3-25 江苏高校非学历教育各类培训总班次

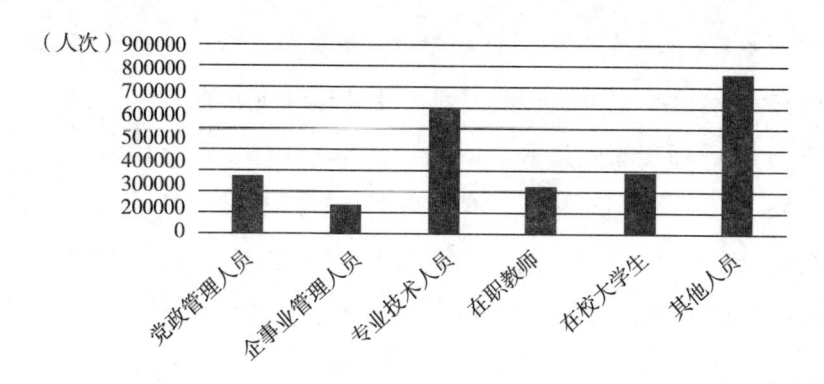

图 3-26 江苏高校非学历教育各类培训总人次

2. 全省非学历培训变动情况

2019年，江苏高校依托自身优势深入开展职业技能培训、岗位资格证书培训、在役和退役士官培训、行业和系统培训，非学历培训项目种类和培训规模都得到一定程度的增长。据统计，2019年江苏高校共举办非学历教育25210个班次，比往年增长19.68%；办学规模达2272449人次，比往年增长46.59%。2019年，全省高校非学历培训总收入达12.49亿元，比往年增长17.71%。

（三）非学历教育模式

近年来，江苏高校通过各种渠道，以多种方式开展非学历教育，由线下现场培训为主，转向线上与线下培训相结合的混合模式。深入行业、企业，面向各类社会群体开展各种模式的非学历教育培训，强化就业技能培训，加快构建终身职业技能培训体系，拓展非学历教育培训模式。例如，积极探索"社区学校+"的非学历教育培训新模式，"社区学校+协会"提供通识教育，"社区学校+产业基地"提升技能，"社区学校+高校"建设学历与非学历的立交桥，整合各类教育资源，推进高校非学历教育培训工作的进一步发展。

（1）盐城工学院积极探索"社区学校+"的非学历教育培训新模式。学校通过"社区学校+协会"为继续教育对象提供通识教育，以"社区学校+产业基地"提升相关人员职业技能，社区学校和高校联手，积极搭建学历与非学历教育的立交桥。该校在学习型社会建设中，充分利用

"社区学校+"的辐射效应，不断完善网络教学平台，采用面授和线上相互结合的混合式培训方式，确保培训效果和培训质量。

（2）常熟理工学院采取集中面授、跟岗研修、线上学习、送培进校等多种非学历培训教学模式。学校针对偏远落后地区的中小学，采取送培进校"诊断式"培训。由承办单位组织专家前往当地，实地考察调研当地的教育实际和教育现状，诊断当地的现存教育问题，给出改进方法和改革发展的意见，并提供持续跟踪指导。另外，学校还针对职业院校教师，组织专业教师到企业跟岗研修培训。

三、人才培养效果与评价

（一）学习效果及满意度

学生满意度和社会及用人单位的评价是高校继续教育办学水平和社会服务能力的重要指标。随着现代大学制度的不断完善，江苏高校进一步明确教育目标、思路与措施，突出成人特点、函授特色，持续加强继续教育人才培养中的针对性、灵活性、开放性和实用性，努力满足用人单位对人才素质能力的要求，让学员学以致用、学有所长。近年来，江苏高校不断推进产教融合，有针对性地组织开展继续教育教学活动，较好地满足了社会对人才的需求和学生提高知识技能的要求。各校通过召开座谈会、学生问卷调查、电话调研、网络信息平台反馈等手段，了解学生对学校在教师队伍、教师学术水平和教学效果、教学态度、学生管理和服务、教学设备设施、校园环境及管理等方面的意见和建议。

高校继续教育办学得到了社会及用人单位的积极评价，学生整体满意度较高。南京工业大学通过召开座谈会、发放问卷调查表等方式对继续教育学员进行了满意度测评，学生对继续教育授课教师水平、教学内容、教学管理、收费管理、班主任管理和服务等方面评价都在90%以上。中国矿业大学调查显示，学生对学校的教学综合满意度高达94.5%，其中对于学校的发展定位、学习效果及服务等方面是学生满意度最高的几个方面。江南大学对20个省份的46个校外办学站点共约639名在校学生和394名毕业生开展了"问卷星"系统问卷调查，学生满意度总体为95.3%，用人单位对毕业生评价为82.9%。南京信息工程大学发放问卷1000份，回收有效问卷962份，学生对学校继续教育的总体满意度达到91.40%。

（二）毕业生获得成就及表现

江苏高校继续教育多年来坚持规范办学，突出特色，为经济社会发展培养了大批应用型、技能型人才。学员专业素养和管理水平得到提升，有的因此获得相应职业技能证书，有的考取研究生或者出国深造，有的发展成为单位业务骨干、行业专家、资深管理者，有的扎根基层、踏实工作、默默奉献，在个人岗位或相关领域中都取得了令人欣喜的成绩，继续教育毕业生颇受欢迎。

（1）江苏海洋大学为基层输送继续教育专业人才。学校高度重视继续教育学员的理论知识和专业技能培养，学生毕业后大部分都在生产第一线，有的成为生产技术骨干，有的成为农村致富能手，带领全村走上富裕的道路。在连云港市各大化工企业、医药企业的一线员工中，很多都是江苏海洋大学的毕业生，他们扎根基层、不怕吃苦、技术熟练，在企业技术改造、工艺革新中积极作为，产生了较好的经济和社会效益。

（2）宿迁学院为地方发展培养各类继续教育学员。学校积极贯彻国家高等教育方针、政策，严格遵循高等学历继续教育发展规律，以社会需求为导向，不断优化课程体系，大力培养应用型人才，为地方经济建设和社会发展做出了积极贡献。据调查，该校继续教育毕业生有的在企事业单位担任了中层领导岗位，有的在中小学教育教学一线担任高级教师，有的考取硕士研究生继续深造。宿迁学院继续教育毕业生的辛勤努力和出色工作业绩得到了上级主管部门和社会各界的充分肯定。

第四章　江苏省高校继续教育质量保证

质量是高校继续教育生存和发展的根本，也是高校自身发展和服务社会的重要保证。随着学习型社会的构建和终身教育的发展，高校继续教育的质量越来越成为学校、政府和社会关注的焦点。江苏省高校积极贯彻党的十九大和十九届二中、三中、四中全会精神和全国教育大会要求，按照省委省政府相关工作部署，聚焦人才培养主线，认真履行办学主体责任，不断加强高校继续教育治理体系和治理能力建设，统筹推进继续教育规模、结构、质量、效益全面健康发展。

一、加强继续教育教学支持

（一）抓好重点专业及信息化建设

为更好地发挥高等学历继续教育服务终身教育体系和"强富美高"新江苏建设中的重要作用，2019年省教育厅继续开展江苏省成人高等教育重点专业建设工作，委托省高校成人教育研究会组织开展江苏省成人高等教育重点专业（精品资源共享课程）项目评审。经学校自主申报，专家材料审核、省教育厅会议评审和审核公示，全省第二批立项建设成人高等教育重点专业105个、精品资源共享课程（含验收合格的2017年培育点）257门，引导全省高校重点建设一批综合实力较强、内涵积淀较深、人才培养质量较高、社会声誉较好的成人高等教育重点专业和精品课程。

全省高等学历继续教育教学和管理信息化程度有较大提升，继续教育信息化建设步伐不断加快。据不完全统计，有106所高校开发或购置了继续教育管理系统，46所高校开发或购置了在线学习系统。为满足继续教育学员多样化的学习需要，提高继续教育应用能力水平，15所高校建设或采购了继续教育教学管理APP应用程序。此外，全省124所高校建有继续教育专门网站，网站拥有率接近100%。

除现代远程教育试点高校外，全省高校普遍开展了混合式教学模式的探索和实践，积极推进面授辅导和在线学习相结合的学习模式，陆续建立了多媒体录播课件、WEB多媒体课件、电子教案和微课等数字化资源。2019年，全省有100所高校开设网络课程，其中86所高校建立了题库、45所高校建立了案例库。据统计，全省高校合计拥有继续教育网络课程2.14万门，比2018年增加了9323门。

江苏大学积极探索和推动信息技术与继续教育的深度融合。学校利用"直播互动课堂""直播""虚拟答疑教室"和大数据挖掘等现代技术手段，探索和建立现代信息技术条件下的"混合式"继续教育精准教学模式。主动将传统面授与管理服务向"精准教学、精准评价、精益管理、精准服务"的现代面授转变，实现实时互动的"移动面授"，有效解决了继续教育学生的工学矛盾和学校优质师资共享供给矛盾，推动了教学改革向纵深发展。

（二）有效利用校内外教学设施

江苏高校学历继续教育办学地点一般设立在校本部和校外教学点。除具有一定的教学管理队伍外，高等学历继续教育校外教学点一般都具备从事高等学历继续教育的办学条件和资质，硬件设施设备基本符合法律法规以及国家和地方在安全、消防、卫生等方面的要求。高校本部发挥主体办学条件优良、硬件设施齐全的优势，统筹使用高校自身的教室、报告厅、机房等硬件设施设备，形成与全日制普通教育实现资源共享、设备共用、优势互补、协调发展的办学格局。

部分高校拥有独立的继续教育教学和办公场所。南京理工大学继续教育学院占地76亩（1亩=666.67平方米），总建筑面积3.4万平方米，建有食堂、公寓、运动场等硬件设施，可以满足学生学习和生活的多方面需求。中国矿业大学继续教育学院拥有占地60亩的独立校园，教学楼4栋，建筑面积1万多平方米，400座网络大讲堂，多媒体教室60个，专业实验室7个，并拥有进行远程教育的相应配套设施设备。

（三）开展全方位支持服务

主办高校认真做好继续教育学员入学辅导、考前辅导、日常答疑、作业批改、论文指导等工作，让学员准确了解继续教育的学习模式、教学方案和教学内容，合理安排学习时间，按时完成学业任务。高校通过师生座谈会、服务热线、论坛以及微信、微博等新型互动平台，疏通继续教育师生交流渠道，随时把握学生思想动态，通过现代信息技术手段密切跟踪学生的学习进度，根据相关各方意见建议及时改进学习支持和服务。通过组织线上或线下的学术、文艺、体育、公益等各类学生活动，丰富继续教育的校园文化建设，增强学生的凝聚力和归属感，提高学生满意度和社会认可度。

二、建立继续教育质量监督机制

（一）主办高校切实履行办学主体责任

在党的基本路线和教育方针指引下，江苏高校认真遵守国家和江苏省相关法律法规及学历继续教育政策规定，将学历继续教育人才培养纳入整体规划，根据继续教育发展新业态及时修订相关政策规定，稳步开展学历继续教育。经过多年的办学积累和改革发展，各高校继续教育管理制度不断健全，普遍形成了包含招生管理、专业设置、教学教务管理、学籍管理、考试管理、学位管理、档案管理、财务管理、校外教学点管理在内的各项继续教育规章制度。

（二）发挥专家组织作用加强工作指导

自2017年先后成立江苏省高校继续教育信息化教学指导委员会、江苏省高校医学继续教育教学指导委员会以来，省教育厅充分发挥专家智库和专业机构的作用，承担专业审核、数据统计、年报编撰、标准制定等专项工作，加强工作指导，开展民主评议，教学指导委员会与省高等教育学会高校成人教育研究委员会一起，成为辅助高等继续教育行政管理的"一体两翼"，有力促进了本省高等学历继续教育研究、咨询、指导、监督和服务等工作，保障了全省高等学历继续教育的持续健康发展。

（三）引入第三方机构开展质量评估

部分高校引入第三方评估体系，通过多元化的客观评估，加强教学质量保障体系的完善，切实促进继续教育人才培养质量的提高。盐城工学院与江苏九州认证公司合作开展ISO9001教学质量管理体系外部监督审核，与麦可思公司合作开展毕业生社会需求与培育质量跟踪评价，根据调查报告和数据对人才培养质量和就业工作进行了全面的分析评价。江苏开放大学加入了美国QM课程质量评价标准联盟，针对课程建设情况开展外部质量认证工作。

三、严格校外教学站点管理

根据高等学历继续教育"省级统筹、属地管理"的原则，省、市教育行政部门积极履职担责，加强对主办高校校外教学点的统筹协调、调整优化和监督管理，督促主办高校对校外教学点合理布局、规范管理、保证质量。

（一）规范高校继续教育招生办学行为

贯彻执行教育部《高等学历继续教育专业设置管理办法》和《江苏高等学校成人教育校外教学点管理办法》，切实加强对主办高校和校外教学点的监督和指导。省教育厅要求主办高校每年签署规范办学承诺书，在各类通知、会议上反复强化主办高校主体责任，督促主办高校及其校外教学点按照上级文件公布的招生专业、办学层次、办学形式等开展招生宣传，规范生源选拔，严肃考风考纪。省教育厅相关职能处室联合省级招生考试部门、地市教育行政部门通过单位官网、微信公众号和其他新闻媒体，及时公布年检合格校外教学点名单，引导广大学员通过正规渠道接受高等学历继续教育。

（二）全面开展校外教学点年度检查

2018年11月，省教育厅发文启动江苏省高等学历继续教育年检工作，组织在江苏省域内举办学历继续教育的省内外高等学校开展校外教学点年检，按照"教学点自查、主办高校普查、设区市教育局抽查、省教育厅复检审核"的步骤，以主办高校为责任主体，对校外教学点的常规管理工作重点是招生办学行为开展全面检查。2019年全省新增60个校外教学点，其中函授站50个、弘成授权点1个、远程教育6个、业余3个。涉及省外主办高校9所，省内主办高校22所。公布合格校外教学点879个，撤销或停止招生176个，绝大多数为主办高校自行调整或设点单位主动停止招生或申请撤销。

（三）加强校外教学点专项督查

根据群众举报和市（县）教育局提供的线索，省教育厅以发放预警函、排查招生录取名单等方式加强检查。对发现有违规招生办学行为的主办高校，一律不予新增校外教学点和新增招生专业，情节严重的取消成人高等教育举办资格。2019年春季，6所远程教育试点高校在江苏擅自招收高起专学员或自行扩大高起专招生专业范围，涉及学员7700多人。江苏省教育厅致函全国高校远程教育协作组并抄送教育部职业教育与成人教育司（简称职成司），对违规招生的有关高校做出了停止招生处理，对其他以简单扩大办学规模为追求、忽视继续教育常规管理的主办高校也起到了一定的警示作用。

第五章　江苏省高校继续教育社会贡献

《江苏省中长期教育改革和发展规划纲要（2010—2020年）》提出要积极发展继续教育，开展形式多样的继续教育和职业技能培训，使学习与创新逐步成为经济社会发展的重要理念和公民普遍的生活方式。近年来，江苏省高校不断根据经济社会发展需求，主动与区域经济社会紧密相连，与现代产业结构深度融合，充分发挥学科、师资的丰富优势，开设不同模式、不同类型和不同层次的继续教育，较好地适应经济发展新常态，积极满足人民群众多元化、高质量的继续教育需要。

一、深化产教融合，服务行业发展

江苏高等教育着眼于产业结构迈向中高端的时代需求，在相关行业部门牵头或鼓励的支持下，全省高校主动面向区域、面向行业、面向产业办学，深化人才培养供给侧结构性改革，产学研创紧密结合，教育链、人才链与产业链、创新链有机衔接，开展了多领域、多形式、多层次的校企合作办学，为社会与企业培养了更多实用性人才和技术骨干，较好地解决了人才培养供给与产业需求的结构性矛盾。

（1）河海大学开展水利行业BIM培训。河海大学充分发挥学科特色优势，深化政产学研合作创新，积极响应2019年全国水利工作会议提出的关于"推进BIM技术在水利工程全生命期运用"讲话精神，成立BIM

培训中心，针对土木工程、交通工程、水利水务、港口航道、给排水等相关专业进行高品质、重实践、实用型BIM课程开发、培训和推广。适时开展BIM技能等级培训与考评工作，承办中国图学学会举办的"全国BIM技能等级考试"考评工作。设立水利行业BIM职业水平认证证书，提升认证证书的行业影响力，逐步成为行业BIM职业标准规范的制定者，打造全国性行业BIM培训品牌。2019年举办了3期BIM技能认证培训和1期BIM等级考试培训，共计培训157人次，为学校参与行业人才队伍建设的顶层设计奠定了良好的基础。

（2）南京信息工程大学面向全国气象行业财务人员开展专题培训。2019年，新的政府会计制度正式实施。为尽快提高全国气象部门财务人员的专业素质，进一步掌握最新会计制度改革的动态，针对具体的实务难题找到合适的方案及方法，南京信息工程大学与中国气象局财务核算中心主动对接，共同规划开展了13期面向全国气象行业财务人员系列专题培训，培训学员累计1230名，约占全国气象财务人员数的30%。该培训诠释了政府会计制度改革的重点和难点，解答了学员在实际工作中存在的疑惑和错误，指引了政府会计制度改革工作的目标和方向，切实提高了参训学员的履职履岗能力。中国气象局财务核算中心对此次培训给予了高度评价，并考虑将此类系列培训纳入中国气象局专项培训体系。

（3）南京农业大学开展渔业行政执法人员和官方兽医培训。为进一步加强江苏省水产品质量安全执法和水产苗种产地检疫工作，不断提升各级渔业行政执法队伍整体业务能力，结合国家四部局关于在"不忘初心、牢记使命"主题教育中开展整治食品安全问题联合行动的有关要求，南京农业大学与中国海监江苏省总队（江苏省水生动物卫生监督所）联合举办了"江苏省水产品质量安全执法暨水产苗种产地检疫培训班"，来自全省各级渔政监督管理机构（水生动物卫生监督机构）的渔业行政执法人员和渔业官方兽医126人参加了培训。

（4）南京财经大学举办粮食行业人员培训。在国家粮食和物资储备局的指导下，南京财经大学设立了"全国粮食行业（南京）教育培训基地"。学校以"提升国家粮食行业人才创新能力"为宗旨,紧密围绕学校粮食行业培训基地建设的中心任务,结合粮食工程与物资管理专业发展需求,对粮食行业人员的培训需求进行科学规划,成功举办了涉及江苏省各市、县(区)粮食与物资储备系统,陕西省相关市、县粮食与物资储备系统的多期培训班。2019年共计培训粮食行业人才110人,赢得了社会的广泛认可,在粮食行业领域逐步建立了自己的培训品牌。

二、建设教育强省,满足多元需求

作为全国最早提出并探索教育现代化的省份,江苏始终在服务经济社会发展的大局中谋划和推进教育现代化。2019年5月,江苏召开全省教育大会,明确提出建设现代化教育强省,在全国率先高水平实现教育现代化。站在新时代的发展节点,江苏紧扣教育主要矛盾的变化,提出要"完善评价、政策、保障、责任等'四个体系',探索教育现代化高质量发展的'江苏模式'"。江苏高校利用其优质的教学资源,针对政府部门、社区和行业需求,主动承接"国培计划""省培计划",学历教育与非学历教育相结合,有力推动了江苏终身教育和学习型社会建设。

(1)中国矿业大学依托全国煤炭远程教育培训网开展行业人员培训。中国矿业大学与中国煤炭工业协会合作共建全国煤炭远程教育培训网,通过全国煤炭远程教育培训网,对"会员"企业(交费入会)的学习者实行全员开放,免费学习,并以此开展各类继续教育。通过全国煤炭远程教育培训网,学校已为12个省市的60多家"会员"企业制作、播出了数百门数字化学习课程,并以每年2000多学时的播出量,为行业职工提供自主学习的课程,被广大煤炭职工誉为"送到煤矿坑口的课堂""煤炭职工随身的大学"。2019年学校为全国煤炭远程教育培训网新增数字化课程资源111门,为煤炭行业在职从业人员整体职业素质的提高,煤炭主体专业技术人员知识更新及学习型企业建设等发挥了独特作用。

(2)南京工业大学承担全省高职院校教师能力提升培训。南京工业大学利用自身的学科优势,立足优质的办学资源,在江苏省教育厅、江苏省高职师培中心的领导下，积极开展江苏省高职院校教师能力提升教育培训。2019年，学校承担了江苏省高职师培中心云计算及大数据平台建设、产学研协同创新专题、药品制造类专题三个高职院校教师培训项目，共培训高职院校教师100人，一流的教学质量和周到的后勤服务保障，获得了主管部门、培训委托单位和培训学员的一致好评。

（3）盐城师范学院面向宁夏回族自治区师资开展专题培训。根据教育部和宁夏教育厅对"国培计划3.0"时代的新政策新要求，盐城师范学院面向宁夏回族自治区开展实施"国培计划"项目，聚焦各个阶段教师的核心素养和关键能力，分层分类构建培训课程体系，形成主题鲜明、应用为本，具有实践性和实战性的培训方案，为提升该区教师队伍素质建设做出了积极贡献。2019年，共承担宁夏中小学骨干教师培训、乡村幼儿园园长培训、培训者团队研修、示范校骨干教师研修、中层管理者短期集中培训、班主任心理健康及家长工作种子团队研修等各类师资培训项目14个，参培学员1108人。

三、对口教育帮扶，服务乡村振兴

党的十九大报告指出，农业农村农民问题是关系国计民生的根本性问题，必须始终把解决好"三农"问题作为全党工作重中之重，实施乡村振兴战略。教育部《高等学校乡村振兴科技创新行动计划（2018—2022年）》和省委、省政府《江苏省乡村振兴战略实施规划（2018—2022年）》都为推动城乡教育融合发展提供了契机。为此，江苏高校积极推进继续教育服务乡村振兴战略，通过校校合作、校企合作开展教育互联互通，对接中西部地区乡村教育需求，提供人才支撑，把乡村教育办成"在农村""富农村""为农民"的教育。

（1）东南大学组织开展南华县干部对口培训。学校对口定点扶贫云南省楚雄州南华县脱贫攻坚工作，以继续教育为平台，面向南华县，通过到校培训和教师送学上门等形式，对南华县的党政机关干部及相关业务系统的干部进行了培训，2019年培训6期共计718人次，受训干部从县级干部逐步下沉到社区干部，通过培训，学员更新了理念，开阔了视野，掌握了相关技术与方法，提高了自主发展能力，较好地践行了党的十九大报告提出的"注重扶贫同扶志、扶智相结合"的精神。

（2）南通大学实施中西部乡村教师支持计划。学校依托地处"教育之乡"，拥有优秀师资及智力资源的综合优势，大力实施中西部乡村教师支持计划。2019年，学校对接了山西省长治市、侯马市、乡宁县、翼城县、曲沃县、临汾市尧都区，江西省南昌市东湖区和重庆市合川区，量身定制培训课程，培训了包括中小学思品、科学、语文、数学、英语、物理、化学、体育、班主任、校园长、特教等几乎所有学科领域的乡村教师，探索形成了以"科学引领、精准对接、凝聚合力、创新模式、全程指导"五位一体的继续教育实践模式，为教育精准扶贫改革提供了宝贵的实践经验。

（3）扬州大学积极开展"三农"培训。围绕乡村振兴战略，先后实施了智慧农业、新型职业农民、新型农业经营主体带头人、现代青年农场主、农村人居环境整治、现代畜牧业发展、基层动物防疫、农机合作社带头人、乡镇水利站长，以及农村基层干部能力提升培训，完成培训项目96期，培训规模达13051人次，覆盖江苏、青海、宁夏、湖北、安徽、江西等10多个省（自治区），为促进地方产业振兴和人才振兴、加快农业科技成果的转化推广应用、推进地方农业高质量发展均做出了积极贡献，得到了各级农业主管部门、广大基层农业技术人员和农业管理干部的广泛认可。同时，该校的国家粮食丰产科技工程"江淮下游（江苏）粳稻持续丰产高效技术集成创新与示范"和"江苏稻麦大面积均衡增产技术集成研究与示范"两个项目，在水稻技术创新、技术集成与大面积示范以及推广上均取得了重大突破和重要进展，成为江苏省农业委员会认定的培训基地、江苏省及上海市等18家大型农场技术指导依托单位，多名专家受到国家及省级表彰。

（4）淮阴师范学院建立淮安乡村振兴学院。学校与淮安市委、市政府合作共建成立淮安乡村振兴学院，为淮安市乡村的产业振兴、人才振

39

兴、文化振兴、生态振兴、组织振兴贡献源源不断的科技与智力支持。成立以来，通过与中共淮阴区委组织部合作，已举行了8期村书记乡村振兴论坛，打通了乡村振兴人才培养的最后一公里。每期论坛，淮阴区村干部300余人齐集一堂，由专家授课，政府管理人员解读政策、优秀村书记亲自走上论坛介绍经验，分组研讨、实地参观等方式，有效地提升了村干部素质，为乡村振兴实施提供了人才保证。江苏省科技厅已授牌淮安乡村振兴学院为"省级星创天地"，这是淮阴师范学院以"三农"为特色建设的又一个省级平台。中央农办调研专家来淮安调研时，对淮安乡村振兴学院的创新做法给予了充分肯定。

第六章　江苏省高校继续教育特色创新

继续教育特别是学历继续教育，是高校人才培养体系的重要组成部分，是高校服务社会、传承文化的重要载体，也是高校服务国家终身教育体系和学习型社会建设的重要途径。党的十九大报告中习近平总书记要求"办好继续教育，加快建设学习型社会，大力提高国民素质"，以全民学习、终身学习为主导的学习型社会对继续教育提出了更高的要求。面对新的形势，江苏高校继续教育及时调整办学理念，加快继续教育转型发展，以人才培养质量为核心，依托本校优质资源，服务国家战略和地方经济社会发展，持续深化改革创新，强化办学特色，推动继续教育高质量发展。

一、思政教育引领，聚焦人才培养

思想政治理论课是巩固马克思主义在高校意识形态领域指导地位、坚持社会主义办学方向的重要阵地，是全面贯彻党的教育方针、落实立德树人根本任务的主干渠道和核心课程。根据《新时代高校思想政治理论课教学工作基本要求》和相关通知，江苏高校高度重视高校思想政治理论课教学设计和教学管理，在学历继续教育人才培养方案中普遍开设了中国近现代史纲要、马克思主义基本原理、毛泽东思想和中国特色社会主义理论体系等思想政治教育课程。学校始终把立德树人作为人才培养的根本任务，重视并加强高等学历教育人才培养过程中的思政教育，不仅将思想政治课列入人才培养方案，并且将思想政治教育作为成人高等教育学员开学的第一课。

（1）苏州大学将思想政治教育融入学历继续教育人才培养方案和教学过程。学校面向学历继续教育学员开设中国近现代史纲要、马克思主义基本原理、毛泽东思想和中国特色社会主义理论体系等课程，在日常学生管理中加大思想政治教育的力度，讲好中国故事，传播好中国声音，阐释好中国特色，教育学生厚植爱国主义情怀，把爱国情、强国志、报国行融入思政教育课程中，培养学生爱国情操，增强爱国情怀。结合日常管理工作，引导学生播下"真善美"的种子，扣好人生的"第一粒扣子"。

（2）南京航空航天大学坚持"规范、质量、创新、特色、发展"的思想政治教育工作理念。学校把立德树人作为人才培养的根本任务，重视高等学历继续教育人才培养过程中的思政教育，将思想政治课融入和渗透相关人才培养方案，把理想信念教育作为首要任务，不断增强青年学生的认同感、自豪感。通过理想信念教育聚焦学习宣传贯彻习近平新时代中国特色社会主义思想和党的十九大精神这一主线，以"不忘初心、牢记使命"主题教育为契机，全方位地开展学习交流、典型示范、参观实践、体育赛事等活动，营造了良好的校园文化氛围。

（3）中国矿业大学将思政元素融入继续教育课堂。学校高度重视继续教育党建和学生思想政治教育，在函授教育学员人才培养方案上明确保证政治理论课的学时和规格，保证习近平新时代中国特色社会主义思想进课堂、进头脑，把思想政治工作贯穿教育教学全过程。学校还规定，一周以上的培训班都要建立班级临时党支部，加强对参训学员尤其是党员学员的政治教育和思想引导。积极开展形式多样的校园文化、思想教育活动，组织培训学员参观校史馆、煤炭博物馆、爱国主义教育基地，通过学煤、爱煤不断增强继续教育学员国家安全观念和爱国主义意识。

二、创新培训模式，打造特色品牌

非学历教育作为继续教育可持续发展的重要组成部分，正逐渐成为高校继续教育办学的主要形式。全省高校依托学校的学科优势、师资优势和服务优势，充分整合校内外资源，创新继续教育培训模式，精心打造培训服务品牌，努力服务社会。

（1）苏州大学积极推进非学历办学模式创新，努力打造培训品牌。学校积极发挥团队作用，组建三个干部培训中心，实行中心主任负责制，各中心负责相应市场开发、项目策划、组织实施。充分利用现代信息技术手段，创新培训方式与方法，采用云服务合作模式，建设苏州大学专业技术人才继续教育网、苏州工会网上学院、苏州大学继续教育在线等云平台，采取线上和线下培训相结合，实施"面授+网络""线上+线下"的培训模式改革，实现网络信息化、教学网络化。2019年，该校共承办各类短期培训班1145期，合计培训79901人次。

（2）南京信息工程大学探索建立"365"继续教育模式，建立和完善非学历培训体系。学校非学历继续教育秉承"小机构、大服务"的宗旨，以"专业、规范、高效"为原则，打造"干部培训+专题培训+个性化培训"三大培训平台联动的立体发展模式，牢抓培训过程中制定专题调研、课程设置、师资遴选、过程管理、后勤保障、评价反馈六大工作环节，职责明确，相互促进。在实际工作中，凝练出主办方、承办方、师资团队、教学管理团队、保障团队五位一体的管理模式，相辅相成，共同服务于非学历继续教育工作，推动培训工作精细化、规范化和可持续化发展。

（3）南京农业大学重视培训后跟踪服务，不断巩固和提升培训效果。学校在培训课堂之外，充分利用现代信息化手段开展在线信息技术咨询、跟踪服务等。积极宣传并指导学员安装"南农易农"APP软件及"农技耘"APP软件，学员可随时随地用手机直接向学校及线上专家教授咨询、提问，快速有效地解决农民在生产过程中遇到的实际问题。为切实提高培训实效，对有服务需求的家庭农场，学校还选派专家教授上门一对一指导、面对面交流，解决了培训中讲授的技术知识、经营理念和方式等在实际运营中落地的问题，收到了事半功倍的效果。培训后的线上线下服务形式，为该校非学历培训赢得口碑，有效扩大了学校继续教育影响力。

（4）扬州大学加强教育管理创新，优化非学历培训服务供给。学校构建"制度管人、流程管事"的非学历教育管理模式，成立扬州大学干部培训学院后，加强体制机制创新和规范管理，强化培训管理团队建设，起草了《干部培训学院管理运行的建议方案》《干部培训学院绩效考核办法（试行）》，设立干部培训学院现场教学基地5个。加大宣传推介力度，新建培训专题网站、微信号等信息化载体，精准策划和提供多样化、有针对性的继续教育服务供给，培训品牌特色进一步彰显，在高层次项目拓展、品牌建设和质量控制等方面取得了有益经验。

三、坚持需求导向，服务社会发展

在江苏省教育厅和省教育考试院政策引导下，江苏高校学历继续教育主动服务社会、服务行业企业，积极实施高校主导、企业参与的"成人高校面向艰苦行业和校企合作改革项目"，有效对接与社会需求，不断深化校企合作的办学改革，积极探索产学研融合的人才培养新机制、新途径和新方法，为地方经济和社会发展培养大批应用型人才。

（1）江苏海洋大学校政合作培养高素质应用型人才。学校把成人教育"水产养殖学"专业作为服务"三农"的重要窗口，与江苏省高宝邵伯湖渔业生产管理委员会开展校政合作办学，积极探索高等学历继续教育办学新途径。紧贴培养对象特点，突出补短板、重应用、提素质的人才培养方案，通过校政共同协商，保留原有"水产养殖学"专业培养方案的主干课程，增加法律法规、渔政管理、渔具渔法、环境保护等方面的课程，并把毕业论文改为更注重工作岗位实际应用的专业调研报告。学校送教上门，因材施教，定制式为用人单位提供高质量的教育服务，为渔业基层和生产一线培养"水产养殖学"渔政管理方向的应用型的专门人才，有效推进江苏渔业文化、科技、经济的健康、持续、快速发展。

（2）江苏农牧科技职业学院校地融合共育"高素质"农民。学校主动与地方农广校对接，围绕不同地区的农业主导产业，合作开办农民中高职衔接培养班。在招生形式、教学管理、专业设置、课程结构、师资选聘等方面深度融合。试行"学分互换"，学员通过参加农民培训所获得的学时凭借证明可以换算对应课程的学分。架设"空中课堂"，学生可利用在线开放课程、专业教学资源库等网络课程资源免费进行自主学习，有效解决了学生的农学矛盾，提高了学生学习的自主性和积极性。这种将职业培训与职业教育进行深度融合，培养高技能、高学历、高素质农民的成功做法，入选"2019年全国农民教育培训十大典型案例"，在全国树立了"中高职衔接"协同育人的品牌。

（2）江苏大学服务乡村振兴和"一带一路"国家战略。学校聚焦"三农"，积极开展社会培训。充分发挥学校"工中有农、以工支农"的办学特色，组织开展了农机管理干部和技术人才培训、苏渝扶贫协作项目——现代农业专题培训、苏陕扶贫协作项目——村级集体经济发展与乡村振兴干部培训、乡镇及街道统计站长轮训、县（区）税务系统干部综合能力提升培训、农村中小学各层级管理者和骨干教师能力提升研修等项目。此外，还在赞比亚举办了两期农业机械化管理干部培训班。

四、深化教学改革，提升培养质量

随着信息技术和继续教育不断深度融合，全省高校围绕应用型人才培养目标定位，积极探索和实施学历继续教育混合式教学改革，创新课程资源建设方式、优化人才培养方案、完善教学质量保障体系，平台建设、资源建设、制度建设齐头并进，促进了学历继续教育的规范化、科学化，人才培养质量得到进一步提高。

（1）南京医科大学重视培养方案制定，创新医学专业人才培养模式。该校继续教育学院教学委员会特邀请省市医疗机构、医学类学会的行业专家作为教学委员参与课程设置方案制定，听取行业代表对课程设置的意见和建议，避免理论教学和临床实践脱节。如专升本护理学专业的培养方案制定中，邀请省护理学会秘书长、南京护理学会会长等行业专家参与课程设置及考核方案制定环节，同时邀请苏南、苏中及苏北地区的三级甲等医院护理行业专家代表分析所在地区的行业需求，在充分讨论、整合多方面建议的基础上对培养方案提出修订意见。在专升本临床医学专业培养方案修订中，该校以江苏医药职业学院教学点为改革试点，将专升本教学内容与学校三年制专科阶段学习内容紧密衔接，课程教学与助理执业医师考核内容相结合，理论学习与临床实践融会贯通，因材施教、各有侧重，切实促进医学专业学员的理论水平和实践能力的提升。

（2）江苏师范大学实施混合式教学模式改革，推动成人学历教育信息化、智能化。学校推进实施线上教学平台建设、线上课程资源建设、线上线下教学管理、线上线下教学监控，改革成人高等教育教学模式，通过线上线下进行混合式人才培养，最终实现培养方案科学、教学内容适用、所有课程上网、本校教师执教、手机随时学习、灵活新颖可控、教学质量得以保证的目标。2016年启动线上课程资源建设，从修订人才培养方案、制定网络课程建设标准、建立教师建课立项项目制、组建微课工作室进行教学视频录像和后期制作四个方面对百余门网络课程进行分步建设，引入知识碎片化、微课化理念，对章节知识点进行重构，整合专业所有课程以重难点微课群策略进行建设；按照MOOC（大型开放式网络课程，又称慕课）和全国微课大赛的标准，微课工作室进行录像、自主开发制作；主讲教师全部为该校专业学院具有副教授职称或硕士以上学位且从教5年以上的一线教师，确保制作高质量的成人高等教育课程。

（3）江苏开放大学实施考试改革，完善教学质量评价体系。学校将网络考试作为推动人才培养模式改革、创新教育教学模式、提升教学质量的一项重要工作。近年来，该校稳步推行在线预约考试改革，在考试开始前分配考生的开考课程，并组织考点对考场的机位、地址等信息进行确认，编制《网考预约操作手册》，指导教学点管理教师与学生进行预约考试。可灵活预约的考试模式，突破了以往统一时间、统一地点、统一试卷、统一阅卷、统一组织的"五统一"考试模式，解决了工学矛盾，也为"教考分离、学考分离"奠定了基础。智能化的组卷策略，保证了考试的公平与公正。在大数据等现代信息技术手段的支持下，学校继续教育教学质量评价体系得到了进一步完善。

第七章　江苏高校继续教育存在的问题和解决思路

高校继续教育办学类型多、规模大、范围广，各种办学力量交织其中，并具有较高的社会关注度。经过多年的改革和发展，高校继续教育在服务经济建设和社会发展，促进大众学历、素质双提升等方面发挥了积极作用。党的十九大指出，"中国社会主要矛盾已经转化为人民日益增长的美好生活需要和不平衡不充分的发展之间的矛盾"。具体到继续教育领域营利性培训机构越来越活跃，主办高校功利性需求依然存在，学历继续教育各类办学形式质量标准尚不统一。高校继续教育如何持续健康发展，更好地服务经济社会和人民群众，是一项日趋严峻和复杂的课题。

一、当前存在的主要问题

（一）部分高校对学历继续教育重视不够

作为终身学习体系的重要组成部分，学历继续教育在构建全方位、多层次教育体系、建立学习型社会中承担着中坚力量，理应得到重视和发展。然而，学历继续教育发展方向不明确、质量内涵和标准不清晰、经费和人员投入不足、资源保障能力不强等问题长期存在。一些高校只关心继续教育的经济效益，对其社会效益缺乏正确认识或不够重视，或一味以扩大办学规模为目的，不仅损害了学历继续教育质量，还严重影响了学历继续教育的声誉口碑。

（二）办学经费得不到应有保障

人力、物力、财力投入是教育质量的重要保障。随着物价不断上涨，学历继续教育的办学成本不断提高，而目前学历继续教育办学经费主要依赖学费支撑，国家和省级财政没有投入，经费来源单一。江苏学历继续教育学费仍在执行2007年省物价局、省教育厅确定的收费标准（苏教财〔2007〕33号），远远不能满足当前高质量发展要求下师资队伍建设、学科建设、课程资源开发、项目研发与培育、信息化教育教学改革等方面的各种需要。由于学费收入不抵成本，也迫使一些高校及其校外教学点"以规模换效益"，导致难以保证招生办学规范和教学质量。

（三）少数高校管理缺位

学历继续教育对象群体构成复杂，文化背景差异较大，学员学习目的和需求呈现多元化，工学矛盾普遍突出，加之多样化的学习形式，造成主办高校教学过程监管难度大、学员到课率低、教学质量难以保证等问题。与普通高等教育相比，继续教育学员学习表现、学习效果和毕业论文质量都存在较大差距。一些主办高校责任意识不强，监管不到位，校外教学点的办学规模与办学条件、教学师资、组织管理能力不成比例，校内、校外教学和管理措施难以统一和落实到位。

（四）非学历培训有待继续加强

江苏高等教育2014年以来已进入普及化阶段，以学历唯上的高校继续教育发展空间已经越来越狭窄，而岗位培训、职业技能培训、基本素养培训市场越来越广阔。受传统观念影响和相关利益束缚，有些高校在继续教育发展上仍然存在重视学历教育、轻视非学历培训的思想误区。大部分高校非学历培训种类上略显单一，在培训层次上以低、中端为主，服务社会功能和人民群众需求的作用还没有得到充分发挥和有效彰显。

（五）继续教育网络教学亟待规范

教育部《教育信息化2.0行动计划》提出，要建成"互联网＋教育"大平台，推动从教育专用资源向教育大资源转变，努力构建"互联网＋"

条件下的人才培养新模式，发展基于互联网的教育服务新模式。从继续教育网络课程拥有情况调查数据看，江苏省高校网络课程还存在着质量水平低、内容重复率高等情况，继续教育数字化教学资源亟待规范。

二、解决思路和建议

（一）统筹规划和加强指导

继续教育在服务区域经济发展、学习型社会建设中发挥着越来越重要的作用。高校要从服务经济发展方式转变，推进教育公平、改善民生、促进社会和谐稳定的全局和高度进一步认识、研究部署继续教育工作。在加强全日制学历教育工作的同时，加强对继续教育发展规划、人员调配、经费投入、资源保障等方面的有力支持，使各类教育能够得到协同发展，互为补充。国家、省级教育行政部门要切实加强对成人高等教育、网络教育、开放教育等各种学历继续教育的扎口管理，尽快扭转各种教育类型、教学形式在招生方式、录取方式、学费标准、毕业标准、质量要求等方面的不一致，扭转当前教学质量参差不齐、招生办学竞争逐利的局面，切实加强统筹管理和指导。

（二）加大经费投入和政策支持

为促进全省高等学历继续教育高质量、可持续发展，省教育行政部门和物价管理部门要继续推进高校学历继续教育办学成本核算、效果评价和对比分析等工作，组织开展学历继续教育学费标准调整的研究工作，并尽快出台政策，加以落实，确保学历继续教育办学获得必要和稳定的经费支撑。

高校加大宣传和推广力度，借助和利用校友会、社会公益组织的影响，通过建立良好的社会关系、健康的办学形象和优质的教育服务积极争取社会组织和个人的产品、技术和资金支持，为继续教育发展提供一定的条件保障。

（三）加强教学督导与质量监控

在理顺办学类型和管理体制基础上，进一步加强学历继续教育招生和考试管理，规范入学标准。加强继续教育教学过程管理与教学质量分析评估，不断改进和完善教学支持服务。进一步督促主办高校加强教学站点管理，通过科学评估、合理谋划、优胜劣汰，不断优化教学站点布局。继续加强特色品牌建设，把重点专业、精品课程和精品教材建设作为教学改革的重要抓手，努力提高学历继续教育教学质量。主办高校要独立或联合开展教学研究，结合学科发展和经济社会需要及时修订和完善专业人才培养方案。

建立健全高校学历继续教育质量监控体系，从培养方案、专业建设、课程建设、教学点布局及管理、教学过程管理、教师队伍建设等各方面对继续教育的前端、过程和结果三个环节进行监控、评估和管理。

（四）大力发展非学历教育

根据经济社会变化和自身实际情况，高校应加强协同育人，促进产学融合、校企合作，深化继续教育改革，转变传统观念，积极创新和推广新的办学内容和教学模式，为行业、企业等各类组织培养更多适用性人才，为高校继续教育转型发展打下坚实基础。

充分发挥江苏省高校既有的学科优势、师资优势和区位优势，贴近行业、服务社会，大力发展非学历培训，努力开拓培训项目种类和培训层次、水平，让非学历教育成为各类社会成员接受继续教育的最普遍方式，不断推动培训领域专业化、培训内容高端化、培训项目品牌化、培训管理项目化。

（五）规范建设继续教育网络课程

调整和规范高校继续教育网络课程建设，建立线上线下相结合，以线上为主的网络教育标准，明确数字化教学资源开发标准、教学管理制度和课程考核评价办法等相关规章制度。融合众筹众创，推动各校、多方参与开发优质教育数字资源，实现继续教育数字资源、优秀师资、教育信息的共建、共享，改进继续教育教育服务供给水平，提高继续教育数字化教学资源质量。

引入"平台＋教育"服务模式，探索建立嵌入式、多元素、一体化的江苏省高校继续教育网上教学大平台。从省级成人高等教育重点专业和精品资源共享课程入手，积极支持和鼓励高校特色专业和优质课程进行数字化改造，分类整合高校继续教育教学支持系统，进而实现继续教育资源平台、管理平台的互通、衔接与开放，努力构建网络化、数字化、智能化、个性化、终身化的高校继续教育新体系。

第八章 江苏省高校继续教育相关数据表

表 8-1 2019年江苏高校继续教育本专科招生情况

序号	学校名称	代码	招生数	本科小计	专科小计	函授本科	函授专科	业余本科	业余专科	脱产本科	脱产专科	网络教育本科	网络教育专科	开放教育本科	开放教育专科
1	南京大学	10284	8486	5309	3177	0	0	961	0			4348	3177		
2	苏州大学	10285	3902	3902	0	1107	0	2795	0						
3	南京航空航天大学	10287	14134	13895	239	8758	0	5137	239						
4	南京理工大学	10288	6068	6068	0	3530	0	2538	0						
5	江苏科技大学	10289	7093	7093	0	6779	0	314	0						
6	中国矿业大学	10290	9762	5052	4710	4998	4710	54	0						
7	南京工业大学	10291	4270	4270	0	4195	0	75	0						
8	常州大学	10292	7647	7552	95	7343	95	209	0						

续表

序号	学校名称	代码	招生数	本科小计	专科小计	函授本科	函授专科	业余本科	业余专科	脱产本科	脱产专科	网络教育本科	网络教育专科	开放教育本科	开放教育专科
9	南京邮电大学	10293	3512	3389	123	3389	123	0	0						
10	河海大学	10294	4857	3629	1228	3629	1228	0	0						
11	江南大学	10295	34150	22512	11638	3724	0	878	0			17910	11638		
12	南京林业大学	10298	702	702	0	702	0	0	0						
13	江苏大学	10299	4677	4677	0	3941	0	736	0						
14	南京信息工程大学	10300	2529	2522	7	2522	7	0	0						
15	南通大学	10304	5430	5430	0	3156	0	2274	0						
16	盐城工学院	10305	3328	3328	0	3328	0	0	0						
17	南京农业大学	10307	5929	2715	3214	2715	1032	0	2182						
18	南京医科大学	10312	4715	4715	0	99	0	4616	0						
19	徐州医科大学	10313	3539	3539	0	47	0	3492	0						
20	南京中医药大学	10315	3161	3085	76	548	76	2537	0						
21	中国药科大学	10316	5751	4820	931	4820	931	0	0						
22	南京师范大学	10319	2265	2265	0	1773	0	492	0						
23	江苏师范大学	10320	7425	7425	0	7174	0	251	0						
24	淮阴师范学院	10323	2403	2403	0	2318	0	85	0						
25	盐城师范学院	10324	2298	2298	0	2159	0	139	0						
26	南京财经大学	10327	3125	3125	0	3125	0	0	0						

续表

序号	学校名称	代码	招生数	本科小计	专科小计	函授本科	函授专科	业余本科	业余专科	脱产本科	脱产专科	网络教育本科	网络教育专科	开放教育本科	开放教育专科
27	江苏警官学院	10329	1789	1789	0	1789	0	0	0						
28	南京体育学院	10330	507	212	295	212	295	0	0						
29	南京艺术学院	10331	15	15	0	0	0	15	0						
30	苏州科技大学	10332	5838	5838	0	5485	0	353	0						
31	常熟理工学院	10333	1097	1097	0	449	0	648	0						
32	无锡职业技术学院	10848	1078	0	1078	0	0	0	1078						
33	江苏建筑职业技术学院	10849	3757	0	3757	0	3757	0	0						
34	南京工业职业技术学院	10850	369	0	369	0	369	0	0						
35	江苏工程职业技术学院	10958	1350	0	1350	0	1346	0	4						
36	苏州工艺美术职业技术学院	10960	30	0	30	0	0	0	30						
37	淮阴工学院	11049	1374	1374	0	1151	0	223	0						
38	连云港职业技术学院	11050	2408	0	2408	0	2408	0	0						
39	镇江市高等专科学校	11051	2467	0	2467	0	1141	0	1326						
40	南通职业大学	11052	1136	0	1136	0	740	0	396						
41	苏州职业大学	11054	2993	0	2993	0	0	0	2993						
42	常州工学院	11055	3335	3335	0	2438	0	897	0						
43	扬州大学	11117	5913	5913	0	4510	0	1403	0						
44	三江学院	11122	64	64	0	64	0	0	0						

续表

序号	学校名称	代码	招生数	本科小计	专科小计	函授本科	函授专科	业余本科	业余专科	脱产本科	脱产专科	网络教育本科	网络教育专科	开放教育本科	开放教育专科
45	南京工程学院	11276	2210	2195	15	2169	15	26	0						
46	南京审计大学	11287	5483	4333	1150	3753	1018	580	132						
47	沙洲职业工学院	11288	470	0	470	0	470	0	0						
48	南京晓庄学院	11460	1401	1401	0	1297	0	104	0						
49	扬州市职业大学	11462	2002	0	2002	0	1486	0	516						
50	江苏理工学院	11463	2503	2503	0	2434	0	69	0						
51	连云港师范高等专科学校	11585	4943	0	4943	0	4776	0	167						
52	江苏海洋大学	11641	3945	3945	0	3922	0	23	0						
53	徐州工程学院	11998	4299	4289	10	4157	10	132	0						
54	江苏经贸职业技术学院	12047	2730	0	2730	0	106	0	2624						
55	九州职业技术学院	12054	883	0	883	0	883	0	0						
56	南通理工学院	12056	2897	514	2383	401	1144	113	1239						
57	硅湖职业技术学院	12078	30	0	30	0	0	0	30						
58	泰州职业技术学院	12106	2834	0	2834	0	1354	0	1480						
59	南京森林警察学院	12213	55	55	0	55	0	0	0						
60	常州信息职业技术学院	12317	5092	0	5092	0	3897	0	1195						
61	江苏海事职业技术学院	12679	2356	0	2356	0	2323	0	33						
62	应天职业技术学院	12680	1055	0	1055	0	191	0	864						

续表

序号	学校名称	代码	招生数	本科小计	专科小计	函授本科	函授专科	业余本科	业余专科	脱产本科	脱产专科	网络教育本科	网络教育专科	开放教育本科	开放教育专科
63	无锡科技职业学院	12681	1083	0	1083	0	225	0	858						
64	江苏医药职业学院	12682	1447	0	1447	0	764	0	683						
65	南通科技职业学院	12684	2249	0	2249	0	2249	0	0						
66	苏州经贸职业技术学院	12685	524	0	524	0	133	0	391						
67	苏州工业职业技术学院	12686	265	0	265	0	208	0	57						
68	无锡商业职业技术学院	12702	1629	0	1629	0	62	0	1567						
69	南通航运职业技术学院	12703	1434	0	1434	0	1434	0	0						
70	南京交通职业技术学院	12804	2483	0	2483	0	2384	0	99						
71	淮安信息职业技术学院	12805	1395	0	1395	0	1395	0	0						
72	江苏农牧科技职业学院	12806	1930	0	1930	0	1930	0	0						
73	常州纺织服装职业技术学院	12807	761	0	761	0	622	0	139						
74	苏州农业职业技术学院	12808	1212	0	1212	0	1064	0	148						
75	苏州工业园区职业技术学院	12809	1460	0	1460	0	0	0	1460						
76	泰州学院	12917	3588	1181	2407	1115	2407	66	0						
77	太湖创意职业技术学院	12918	162	0	162	0	0	0	162						
78	炎黄职业技术学院	12919	231	0	231	0	0	0	231						
79	南京科技职业学院	12920	2576	0	2576	0	2429	0	147						
80	钟山职业技术学院	12922	1020	0	1020	0	0	0	1020						

续表

序号	学校名称	代码	招生数	本科小计	专科小计	函授本科	函授专科	业余本科	业余专科	脱产本科	脱产专科	网络教育本科	网络教育专科	开放教育本科	开放教育专科
81	无锡南洋职业技术学院	12923	341	0	341	0	0	0	341						
82	江南影视艺术职业学院	13017	75	0	75	0	0	0	75						
83	金肯职业技术学院	13100	166	0	166	0	0	0	166						
84	常州工业职业技术学院	13101	1165	0	1165	0	1165	0	0						
85	常州工程职业技术学院	13102	3694	0	3694	0	3694	0	0						
86	江苏农林职业技术学院	13103	808	0	808	0	808	0	0						
87	江苏食品药品职业技术学院	13104	1498	0	1498	0	1498	0	0						
88	建东职业技术学院	13105	815	0	815	0	815	0	0						
89	南京铁道职业技术学院	13106	1464	0	1464	0	1091	0	373						
90	徐州工业职业技术学院	13107	1731	0	1731	0	1731	0	0						
91	江苏信息职业技术学院	13108	728	0	728	0	81	0	647						
92	南京信息职业技术学院	13112	5583	0	5583	0	2148	0	3435						
93	江海职业技术学院	13113	2408	0	2408	0	2405	0	3						
94	常州机电职业技术学院	13114	2550	0	2550	0	2447	0	103						
95	江阴职业技术学院	13137	1283	0	1283	0	1283	0	0						
96	无锡太湖学院	13571	1451	1451	0	196	0	1255	0						
97	金陵科技学院	13573	156	156	0	23	0	133	0						
98	无锡城市职业技术学院	13748	231	0	231	0	0	0	231						

续表

序号	学校名称	代码	招生数	本科小计	专科小计	函授本科	函授专科	业余本科	业余专科	脱产本科	脱产专科	网络教育本科	网络教育专科	开放教育本科	开放教育专科
99	无锡工艺职业技术学院	13749	887	0	887	0	502	0	385						
100	苏州健雄职业技术学院	13751	1885	0	1885	0	1021	0	864						
101	盐城工业职业技术学院	13752	1184	0	1184	0	1184	0	0						
102	江苏财经职业技术学院	13753	2345	0	2345	0	2343	0	2						
103	扬州工业职业技术学院	13754	650	0	650	0	650	0	0						
104	南京机电职业技术学院	14056	954	0	954	0	0	0	954						
105	宿迁学院	14160	1498	1498	0	1497	0	1	0						
106	苏州高博软件技术职业学院	14163	454	0	454	0	0	0	454						
107	江苏卫生健康职业学院	14255	459	0	459	0	0	0	459						
108	宿迁泽达职业技术学院	14293	494	0	494	0	494	0	0						
109	苏州工业园区服务外包职业学院	14295	1	0	1	0	0	0	1						
110	徐州幼儿师范高等专科学校	14329	256	0	256	0	231	0	25						
111	徐州生物工程职业技术学院	14401	59	0	59	0	59	0	0						
112	江苏第二师范学院	14436	1902	1902	0	1882	0	20	0						
113	江苏商贸职业学院	14475	6	0	6	0	0	0	6						
114	江苏城乡建设职业学院	14543	1191	0	1191		1182	0	9						
115	南京市职工大学	50460	335	0	335	0	0	0	335						

续表

序号	代码	学校名称	招生数	本科小计	专科小计	函授本科	函授专科	业余本科	业余专科	脱产本科	脱产专科	网络教育本科	网络教育专科	开放教育本科	开放教育专科
116	50504	南通市工人业余大学	289	0	289	0	0	0	0	0	289				
117	50526	扬州教育学院	2076	0	2076		1520	0	0		556				
118	51255	江苏开放大学	22135	5448	16687	0	0	0	0					5448	16687
119	51396	南京市广播电视大学	1348	0	1348	0	0	958			390				
		合计	333870	186228	147642	124878	81589	33644	33316	0	1235	22258	14815	5448	16687

表8-2 2019年江苏高校继续教育本专科在籍生情况

序号	代码	学校名称	在校生数	本科小计	专科小计	函授本科	函授专科	业余本科	业余专科	脱产本科	脱产专科	网络教育本科	网络教育专科	开放教育本科	开放教育专科
1	10284	南京大学	25185	16267	8918			3387	104			12880	8814		
2	10285	苏州大学	8658	8658		2155		6503							
3	10286	东南大学	2723	2689	34	489		655				1545	34		
4	10287	南京航空航天大学	23869	22669	1200	14268	464	8401	736						
5	10288	南京理工大学	12886	12886		7680		5206							
6	10289	江苏科技大学	14112	13966	146	13340	90	626	56						
7	10290	中国矿业大学	16672	8994	7678	8773	7678	221							
8	10291	南京工业大学	8893	8893		8252		641							

60

续表

序号	学校名称	代码	在校生数	本科小计	专科小计	函授本科	函授专科	业余本科	业余专科	脱产本科	脱产专科	网络教育本科	网络教育专科	开放教育本科	开放教育专科
9	常州大学	10292	14396	12948	1448	12516	1358	432	90						
10	南京邮电大学	10293	7293	6970	323	6970	323								
11	河海大学	10294	18343	12611	5732	11198	4393	1407	1339	6					
12	江南大学	10295	106933	63831	43102	4544		4263	432			55024	42670		
13	南京林业大学	10298	2004	1985	19	1985	19								
14	江苏大学	10299	11148	11148		9237		1911							
15	南京信息工程大学	10300	4511	4501	10	4501	10								
16	南通大学	10304	14756	14439	317	6746		7693	317						
17	盐城工学院	10305	7687	7687		7686		1							
18	南京农业大学	10307	21402	8702	12700	8449	4293	253	8407						
19	南京医科大学	10312	9652	9652		186		9466							
20	徐州医科大学	10313	7590	7496	94	174		7322	94						
21	南京中医药大学	10315	5890	5713	177	1663	138	4050	39						
22	中国药科大学	10316	21178	16686	4492	16686	4492								
23	南京师范大学	10319	4974	4956	18	3920	18	1036	1						
24	江苏师范大学	10320	13064	12936	128	12433	127	503							
25	淮阴师范学院	10323	5246	5246		5054		192							
26	盐城师范学院	10324	3886	3886		3627		259							

续表

序号	学校名称	代码	在校生数	本科小计	专科小计	函授本科	函授专科	业余本科	业余专科	脱产本科	脱产专科	网络教育本科	网络教育专科	开放教育本科	开放教育专科
27	南京财经大学	10327	9015	9015		7577		1438	1						
28	江苏警官学院	10329	3647	3626	21	3626	21								
29	南京体育学院	10330	1346	483	863	476	862	7	1						
30	南京艺术学院	10331	86	86				86							
31	苏州科技大学	10332	9513	9513		7931		1582							
32	常熟理工学院	10333	4074	3617	457	1269	166	2348	291						
33	无锡职业技术学院	10848	1677		1677				1677						
34	江苏建筑职业技术学院	10849	7464		7464		7464								
35	南京工业职业技术学院	10850	1498		1498		1336		162						
36	江苏工程职业技术学院	10958	2346		2346		2341		5						
37	苏州工艺美术职业技术学院	10960	81		81				81						
38	淮阴工学院	11049	2697	2697		2252		445							
39	连云港职业技术学院	11050	4398		4398		3492		872		34				
40	镇江市高等专科学校	11051	4164		4164		2397		1767						
41	南通职业大学	11052	4131		4131		1549		2488		94				
42	苏州职业大学	11054	5901		5901				5901						
43	常州工学院	11055	8483	8481	2	4545		3936	2						

续表

序号	学校名称	代码	在校生数	本科小计	专科小计	函授本科	函授专科	业余本科	业余专科	脱产本科	脱产专科	网络教育本科	网络教育专科	开放教育本科	开放教育专科
44	扬州大学	11117	18523	17786	737	13942	737	3844							
45	三江学院	11122	502	235	267	235	266		1						
46	南京工程学院	11276	6684	6588	96	6382	96	206							
47	南京审计大学	11287	10098	8840	1258	6924	987	1916	271						
48	沙洲职业工学院	11288	1433		1433		1432		1						
49	南京晓庄学院	11460	5742	4512	1230	4198	1032	313	152	1	46				
50	扬州市职业大学	11462	4027		4027		1865		2162						
51	江苏理工学院	11463	8229	8227	2	8003	1	224	1						
52	连云港师范高等专科学校	11585	10762		10762		10762								
53	江苏海洋大学	11641	6340	6340		6307		33							
54	徐州工程学院	11998	6427	6367	60	5867	60	500							
55	江苏经贸职业技术学院	12047	5124		5124		294		4830						
56	九州职业技术学院	12054	1843		1843		1843								
57	南通理工学院	12056	4959	744	4215	546	2074	198	2141						
58	硅湖职业技术学院	12078	168		168				168						
59	泰州职业技术学院	12106	5798		5798		2342		3456						
60	南京森林警察学院	12213	65	65		65									
61	常州信息职业技术学院	12317	10489		10489		4947		5542						

续表

序号	学校名称	代码	在校生数	本科小计	专科小计	函授本科	函授专科	业余本科	业余专科	脱产本科	脱产专科	网络教育本科	网络教育专科	开放教育本科	开放教育专科
62	江苏海事职业技术学院	12679	4266		4266		4211		37						
63	应天职业技术学院	12680	1853		1853		312		1541						
64	无锡科技职业学院	12681	1965		1965		222		1743						
65	江苏医药职业学院	12682	2690		2690		1150		1540						
66	南通科技职业学院	12684	4236		4236		4235		1						
67	苏州经贸职业技术学院	12685	836		836		92		744						
68	苏州工业职业技术学院	12686	505		505		382		123						
69	无锡商业职业技术学院	12702	2798		2798		172		2626						
70	南通航运职业技术学院	12703	2027		2027		2027								
71	南京交通职业技术学院	12804	5835		5835		5474		361						
72	淮安信息职业技术学院	12805	3066		3066		3066								
73	江苏农牧科技职业学院	12806	4713		4713		4713								
74	常州纺织服装职业技术学院	12807	1944		1944		1614		330						
75	苏州农业职业技术学院	12808	2225		2225		1190		1035						
76	苏州工业园区职业技术学院	12809	2544		2544				2544						
77	泰州职业技术学院	12917	6415	1635	4780	1570	4778	65	2		18				
78	太湖创意职业技术学院	12918	162		162				162						
79	炎黄职业技术学院	12919	304		304				304						

续表

序号	学校名称	代码	在校生数	本科小计	专科小计	函授本科	函授专科	业余本科	业余专科	脱产本科	脱产专科	网络教育本科	网络教育专科	开放教育本科	开放教育专科
80	南京科技职业学院	12920	3763		3763		3464		299						
81	钟山职业技术学院	12922	345		345				345						
82	无锡南洋职业技术学院	12923	590		590		11		579						
83	江南影视艺术职业学院	13017	74		74				74						
84	金肯职业技术学院	13100	155		155				155						
85	常州工业职业技术学院	13101	1758		1758		1758		0						
86	常州工程职业技术学院	13102	6249		6249		5961		288						
87	江苏农林职业技术学院	13103	3008		3008		3006				2				
88	江苏食品药品职业技术学院	13104	3005		3005		3005								
89	建东职业技术学院	13105	1038		1038		971		67						
90	南京铁道职业技术学院	13106	2988		2988		2569		419						
91	徐州工业职业技术学院	13107	3509		3509		3508		0		1				
92	江苏信息职业技术学院	13108	1600		1600		363		1237						
93	南京信息职业技术学院	13112	10615		10615		3342		7273						
94	江海职业技术学院	13113	2373		2373		2371		2						
95	常州机电职业技术学院	13114	4163		4163		3933		230						
96	江阴职业技术学院	13137	2443		2443		1277		1166						
97	无锡太湖学院	13571	2402	2397	5	194		2203	5						

续表

序号	学校名称	代码	在校生数	本科小计	专科小计	函授本科	函授专科	业余本科	业余专科	脱产本科	脱产专科	网络教育本科	网络教育专科	开放教育本科	开放教育专科
98	金陵科技学院	13573	644	644		278		366	0						
99	无锡城市职业技术学院	13748	468		468				468						
100	无锡工艺职业技术学院	13749	1272		1272		742		530						
101	苏州健雄职业技术学院	13751	3617		3617		2258		1359						
102	盐城工业职业技术学院	13752	2371		2371		2365		6						
103	江苏财经职业技术学院	13753	4629		4629		4627		2						
104	扬州工业职业技术学院	13754	879		879		879								
105	南京机电职业技术学院	14056	2040		2040				2040						
106	宿迁学院	14160	2657	2657		2656		1							
107	苏州高博软件技术职业学院	14163	598		598				598						
108	南京旅游职业学院	14180	191		191		159		6		26				
109	江苏卫生健康职业学院	14255	1185		1185				1185						
110	宿迁泽达职业技术学院	14293	531		531		508		23						
111	苏州工业园区服务外包职业学院	14295	157		157				157						
112	徐州幼儿师范高等专科学校	14329	1124		1124		218		906						
113	徐州生物工程职业技术学院	14401	93		93		93								
114	江苏第二师范学院	14436	3180	3180		3111		69							

续表

序号	学校名称	代码	在校生数	本科小计	专科小计	函授本科	函授专科	业余本科	业余专科	脱产本科	脱产专科	网络教育本科	网络教育专科	开放教育本科	开放教育专科
115	江苏城乡建设职业学院	14543	1942		1942		1927		15						
116	南京市职工大学	50460	525		525				525		480				
117	南通市工人业余大学	50504	695		695		54		161		1038				
118	扬州教育学院	50526	4291		4291		3253								
119	江苏开放大学	51255	61604	12913	48691						786			12913	48691
120	南京市广播电视大学	51396	3790		3790				3004						
	合计		767630	427063	340567	260486	158029	84208	79804	7	2525	69449	51518	12913	48691

表8-3 2019年江苏高校继续教育本专科毕业生情况

序号	学校名称	代码	毕业数	本科小计	专科小计	函授本科	函授专科	业余本科	业余专科	脱产本科	脱产专科	网络教育本科	网络教育专科	开放教育本科	开放教育专科
1	南京大学	10284	5201	3509	1692	8		988	183			2513	1509		
2	苏州大学	10285	3055	3055		638		2417							
3	东南大学	10286	1580	1570	10	34		733				803	10		
4	南京航空航天大学	10287	6589	3926	2663	2151	1119	1775	1544						
5	南京理工大学	10288	6063	3867	2196	2025	1454	1842	742						
6	江苏科技大学	10289	4262	3578	684	3320	532	258	152						

续表

序号	学校名称	代码	毕业数	本科小计	专科小计	函授本科	函授专科	业余本科	业余专科	脱产本科	脱产专科	网络教育本科	网络教育专科	开放教育本科	开放教育专科
7	中国矿业大学	10290	4521	2232	2289	2025	2280	207	9						
8	南京工业大学	10291	4761	4251	510	3928	510	323							
9	常州大学	10292	5062	3021	2041	2889	2011	132	30						
10	南京邮电大学	10293	2943	2276	667	2276	667								
11	河海大学	10294	5190	3937	1253	3805	1149	132	104						
12	江南大学	10295	41780	18368	23412	734		3269	1914			14365	21498		
13	南京林业大学	10298	951	694	257	694	255		2						
14	江苏大学	10299	6687	6665	22	4676	22	1989							
15	南京信息工程大学	10300	2068	1187	881	1185	881	2							
16	南通大学	10304	4212	3893	319	916		2977	319						
17	盐城工学院	10305	4414	2404	2010	2401	2009	3	1						
18	南京农业大学	10307	5774	2543	3231	2312	1853	231	1378						
19	南京医科大学	10312	4409	4409		66		4343							
20	徐州医科大学	10313	2919	1906	1013	36		1870	1013						
21	南京中医药大学	10315	2964	2573	391	1169	267	1404	124						
22	中国药科大学	10316	5176	4116	1060	4116	1060								
23	南京师范大学	10319	1918	1532	386	1026	386	506							
24	江苏师范大学	10320	4490	3919	571	3748	557	171	14						

续表

序号	学校名称	代码	毕业数	本科小计	专科小计	函授本科	函授专科	业余本科	业余专科	脱产本科	脱产专科	网络教育本科	网络教育专科	开放教育本科	开放教育专科
25	淮阴师范学院	10323	3726	1798	1928	1729	1917	69	11						
26	盐城师范学院	10324	2210	1258	952	1178	950	80	2						
27	南京财经大学	10327	5106	3908	1198	2976	1078	932	120						
28	江苏警官学院	10329	456	419	37	419	37								
29	南京体育学院	10330	3029	1849	1180	1728	862	47	318	74					
30	南京艺术学院	10331	48	48				48							
31	苏州科技大学	10332	2819	1954	865	1323	731	631	134						
32	常熟理工学院	10333	1613	941	672	156	304	785	368						
33	无锡职业技术学院	10848	433		433				433						
34	江苏建筑职业技术学院	10849	2144		2144		2143		1						
35	南京工业职业技术学院	10850	688		688		642		46						
36	江苏工程职业技术学院	10958	202		202		189		13						
37	苏州工艺美术职业技术学院	10960	27		27				27						
38	淮阴工学院	11049	2036	884	1152	567	1103	317	48		1				
39	连云港职业技术学院	11050	390		390		2		388						
40	镇江市高等专科学校	11051	85		85		29		56						
41	南通职业大学	11052	313		313		49		264						
42	苏州职业大学	11054	1733		1733				1733						

续表

序号	学校名称	代码	毕业数	本科小计	专科小计	函授本科	函授专科	业余本科	业余专科	脱产本科	脱产专科	网络教育本科	网络教育专科	开放教育本科	开放教育专科
43	常州工学院	11055	2710	1785	925	1068	670	716	255	1					
44	扬州大学	11117	8006	7591	415	3919	415	3672							
45	三江学院	11122	218	78	140	78	140								
46	南京工程学院	11276	4241	2291	1950	2242	1703	49	247						
47	南京审计大学	11287	4742	3689	1053	3033	925	656	128						
48	沙洲职业工学院	11288	705		705		501		204						
49	南京晓庄学院	11460	2388	1755	633	1688	629	67	4						
50	扬州市职业大学	11462	1471		1471		322		1149						
51	江苏理工学院	11463	3263	1859	1404	1849	1364	10	40						
52	连云港师范高等专科学校	11585	908		908		815		93						
53	江苏海洋大学	11641	2582	1396	1186	1391	1169	5	17						
54	徐州工程学院	11998	3935	1508	2427	1279	2256	229	171						
55	江苏经贸职业技术学院	12047	1182		1182		39		1143						
56	九州职业技术学院	12054	231		231		231								
57	南通理工学院	12056	501	34	467	34	145		322						
58	硅湖职业技术学院	12078	26		26				26						
59	泰州职业技术学院	12106	1975		1975		500		1475						
60	南京森林警察学院	12213	48	48		48									

续表

序号	学校名称	代码	毕业数	本科小计	专科小计	函授本科	函授专科	业余本科	业余专科	脱产本科	脱产专科	网络教育本科	网络教育专科	开放教育本科	开放教育专科
61	常州信息职业技术学院	12317	3354		3354		646		2708						
62	江苏海事职业技术学院	12679	158		158		158								
63	应天职业技术学院	12680	156		156		15		141						
64	无锡科技职业学院	12681	261		261				261						
65	江苏医药职业学院	12682	732		732		84		648						
66	南通科技职业学院	12684	826		826		826								
67	苏州经贸职业技术学院	12685	68		68				68						
68	苏州工业职业技术学院	12686	303		303		210		93						
69	无锡商业职业技术学院	12702	713		713		0		713						
70	南通航运职业技术学院	12703	244		244		244		0						
71	南京交通职业技术学院	12804	1210		1210		1120		90						
72	淮安信息职业技术学院	12805	449		449		449								
73	江苏农牧科技职业学院	12806	728		728		728								
74	常州纺织服装职业技术学院	12807	600		600		484		116						
75	苏州农业职业技术学院	12808	828		828		122		706						
76	苏州工业园区职业技术学院	12809	449		449				449						
77	泰州学院	12917	1041	278	763	278	761		2						
78	南京科技职业学院	12920	733		733		452		281						

续表

序号	学校名称	代码	毕业数	本科小计	专科小计	函授本科	函授专科	业余本科	业余专科	脱产本科	脱产专科	网络教育本科	网络教育专科	开放教育本科	开放教育专科
79	钟山职业技术学院	12922	21		21				21						
80	无锡南洋职业技术学院	12923	212		212		121		91						
81	常州工业职业技术学院	13101	270		270		270								
82	常州工程职业技术学院	13102	701		701		701								
83	江苏农林职业技术学院	13103	610		610		610								
84	江苏食品药品职业技术学院	13104	196		196		196								
85	建东职业技术学院	13105	55		55		10		45						
86	南京铁道职业技术学院	13106	1073		1073		978		95						
87	徐州工业职业技术学院	13107	400		400		400								
88	江苏信息职业技术学院	13108	361		361	143	119		242						
89	南京信息职业技术学院	13112	1690		1690		600		1090						
90	江海职业技术学院	13113	524		524		523		1						
91	常州机电职业技术学院	13114	1265		1265		707		558						
92	江阴职业技术学院	13137	791		791				791						
93	无锡太湖学院	13571	875	614	261			614	261						
94	金陵科技学院	13573	707	260	447		79	117	368						
95	无锡城市职业技术学院	13748	112		112				112						
96	无锡工艺职业技术学院	13749	348		348		189		159						

续表

序号	学校名称	代码	毕业数	本科小计	专科小计	函授本科	函授专科	业余本科	业余专科	脱产本科	脱产专科	网络教育本科	网络教育专科	开放教育本科	开放教育专科
97	苏州健雄职业技术学院	13751	542		542		495		47						
98	盐城工业职业技术学院	13752	429		429		426		3						
99	江苏财经职业技术学院	13753	419		419		419		0						
100	扬州工业职业技术学院	13754	66		66		66		0						
101	南京机电职业技术学院	14056	953		953		0		953						
102	宿迁学院	14160	564	255	309	255	304		5						
103	南京旅游职业学院	14180	7		7		4		3						
104	江苏卫生健康职业学院	14255	631		631				631						
105	宿迁泽达职业技术学院	14293	6		6		6								
106	徐州幼儿师范高等专科学校	14329	102		102				102						
107	江苏第二师范学院	14436	1667	1194	473	1194	473								
108	江苏城乡建设职业学院	14543	394		394		336		54		4				
109	南通市工人业余大学	50504	92		92				52		40				
110	扬州教育学院	50526	1203		1203		793				410				
111	江苏开放大学	51255	6342	444	5898									444	5898
112	南京市广播电视大学	51396	1055		1055				727		328				
	合计		240715	127569	113146	74753	53996	34616	29452	75	783	17681	23017	444	5898

表8-4 2019年江苏高校继续教育本科学位授予情况

序号	学校名称	学校代码	授学位数	函授	业余	脱产	网络教育	开放教育
1	南京大学	10284	926	12	350		564	
2	苏州大学	10285	663	198	465			
3	东南大学	10286	354	7	271		76	
4	南京航空航天大学	10287	151	125	26			
5	南京理工大学	10288	280	158	122			
6	江苏科技大学	10289	505	438	67			
7	中国矿业大学	10290	122	111	11			
8	南京工业大学	10291	336	303	33			
9	常州大学	10292	433	402	31			
10	南京邮电大学	10293	93	93				
11	河海大学	10294	409	394	15			
12	江南大学	10295	2138	58	536		1544	
13	南京林业大学	10298	52	52				
14	江苏大学	10299	896	487	409			
15	南京信息工程大学	10300	338	338				
16	南通大学	10304	958	233	725			
17	盐城工学院	10305	380	380				
18	南京农业大学	10307	195	182	12	1		

续表

序号	学校名称	学校代码	授学位数	函授	业余	脱产	网络教育	开放教育
19	南京医科大学	10312	1830	25	1805			
20	徐州医科大学	10313	823	10	813			
21	南京中医药大学	10315	729	146	583			
22	中国药科大学	10316	2758	2758				
23	南京师范大学	10319	63	35	28			
24	江苏师范大学	10320	360	343	17			
25	淮阴师范学院	10323	286	258	28			
26	盐城师范学院	10324	141	139	2			
27	南京财经大学	10327	928	671	257			
28	江苏警官学院	10329	269	269				
29	南京体育学院	10330	0	0	0			
30	南京艺术学院	10331	22		22			
31	苏州科技大学	10332	245	96	149			
32	常熟理工学院	10333	204	25	179			
33	淮阴工学院	11049	102	46	56			
34	常州工学院	11055	261	89	172			
35	扬州大学	11117	1375	473	902			
36	三江学院	11122	1	1				
37	南京工程学院	11276	384	384				

续表

序号	学校名称	学校代码	授学位数	函授	业余	脱产	网络教育	开放教育
38	南京审计大学	11287	410	313	97			
39	南京晓庄学院	11460	151	139	12			
40	江苏理工学院	11463	146	140	6			
41	江苏海洋大学	11641	193	191	2			
42	徐州工程学院	11998	154	124	30			
43	南通理工学院	12056	6	6				
44	南京森林警察学院	12213	9	9				
45	泰州学院	12917	30	30				
46	无锡太湖学院	13571	2		2			
47	金陵科技学院	13573	20	6	14			
48	江苏第二师范学院	14436	138	137	1			
49	江苏开放大学	51255	38					38
合计			21307	10834	8250	1	2184	38

表 8-5 2019年江苏高校非学历继续教育开展情况

序号	学校名称	代码	党政管理人员 总班次	党政管理人员 总人次	企事业管理人员 总班次	企事业管理人员 总人次	专业技术人员 总班次	专业技术人员 总人次	在职教师 总班次	在职教师 总人次	在校大学生 总班次	在校大学生 总人次	社会其他人员 总班次	社会其他人员 总人次	总规模 总班次	总规模 总人次	总收入（万元）
1	南京大学	10284	376	27123	119	9636	25	1944					11	1127	531	39830	9319.6
2	苏州大学	10285	853	45990	24	1116	254	31951					14	844	1145	79901	17400
3	东南大学	10286	65	5086	46	2692			12	416					123	8194	1601
4	南京航空航天大学	10287	13	2000	53	3500	42	3100			2	115	22	3300	132	12015	1717
5	南京理工大学	10288	14	973	14	901					34	2108			62	3982	320
6	江苏科技大学	10289	6	534	31	2569	9	418					13	1525	59	5046	929.9
7	中国矿业大学	10290	72	4373	17	1127	33	1856	1	200					123	7556	1060.7
8	南京工业大学	10291	5	359			23	3453	3	100					31	3912	1054
9	常州大学	10292	40	4401	5	140	2	121	1	40			1	150	49	4852	555
10	南京邮电大学	10293	7	724	1	50									8	774	72.35
11	河海大学	10294	39	2639	9	575	103	12183	1	70	1	70	3	410	156	15947	2300
12	江南大学	10295	39	4966	15	833	26	1909					53	16874	133	24582	842
13	南京林业大学	10298	4	393			6	241							10	634	108.05
14	江苏大学	10299	33	1974	10	610	41	2615	16	1160	13	510	12	40740	125	47609	1308
15	南京信息工程大学	10300	16	2505	2	119	33	3227							51	5851	1072

续表

序号	学校名称	代码	党政管理人员 总班次	党政管理人员 总人次	企事业管理人员 总班次	企事业管理人员 总人次	专业技术人员 总班次	专业技术人员 总人次	在职教师 总班次	在职教师 总人次	在校大学生 总班次	在校大学生 总人次	社会其他人员 总班次	社会其他人员 总人次	总规模 总班次	总规模 总人次	总收入（万元）
16	南通大学	10304	28	2899	21	1829	81	8250			19	3175			149	16153	2065
17	盐城工学院	10305	10	16	10	50	420	3800			50	260			490	4126	60
18	南京农业大学	10307	40	2250			69	5449			5	2200			114	9899	1842.7
19	南京医科大学	10312					3	2836							3	2836	69.15
20	徐州医科大学	10313			3	108	5	435	4	898					12	1441	284.92
21	南京中医药大学	10315					16	1177							16	1177	342.2
22	中国药科大学	10316	9	649	4	399			3	122					16	1170	433.5
23	南京师范大学	10319	16	3500	28	4800	25	3860	50	3100	21	490			140	15750	1590
24	江苏师范大学	10320	4	515					11	875			34	1960	49	3350	428.44
25	淮阴师范学院	10323	3	188	2	138	2	500	6	282					13	1108	236
26	盐城师范学院	10324	1	637	13	1095			52	3327	1	231			67	5290	1846
27	南京财经大学	10327	119	8000	1	30									120	8030	1509
28	江苏警官学院	10329	71	6701											71	6701	759.44
29	南京体育学院	10330					67	3617							67	3617	550
30	南京艺术学院	10331							1	30					1	30	16.35
31	苏州科技大学	10332	16	2384	4	1256	16	2416	10	796	3	780	10	305	59	7937	1480.54

续表

序号	学校名称	代码	党政管理人员 总班次	党政管理人员 总人次	企事业管理人员 总班次	企事业管理人员 总人次	专业技术人员 总班次	专业技术人员 总人次	在职教师 总班次	在职教师 总人次	在校大学生 总班次	在校大学生 总人次	社会其他人员 总班次	社会其他人员 总人次	总规模 总班次	总规模 总人次	总收入（万元）
32	常熟理工学院	10333	17	1099	12	950	29	4268	58	3482	20	2035	2	179	138	12013	1645.66
33	无锡职业技术学院	10848	5	347	1	22	76	12928					10	1967	92	15264	1532.5
34	江苏建筑职业技术学院	10849			1	40	18	3562	8	546					27	4148	759
35	南京工业职业技术学院	10850	6	236	32	4648	96	5999	41	2050	184	14601	25	2900	384	30434	905.47
36	江苏工程职业技术学院	10958			28	1983	11	2741	3	115	52	2174	41	4498	135	11511	679.95
37	苏州工艺美术职业技术学院	10960			6	403	5	500	4	121	10	1550	18	2388	43	4962	441
38	淮阴工学院	11049	22	896	12	662	14	836			59	1888	42	1075	149	5357	244
39	连云港职业技术学院	11050			2	411	22	2353			43	3229	175	8707	242	14700	291.48
40	镇江市高等专科学校	11051			3	462	4	688			33	5097	67	2871	107	9118	490
41	南通职业大学	11052					24	826			264	5449			288	6275	326.31
42	苏州职业大学	11054	23	34819	2	107	6	1449					12	2275	43	38650	397
43	常州工学院	11055	12	790	4	2582	1	42			15	980	48	2198	80	6592	324.63

续表

序号	学校名称	代码	党政管理人员 总班次	党政管理人员 总人次	企事业管理人员 总班次	企事业管理人员 总人次	专业技术人员 总班次	专业技术人员 总人次	在职教师 总班次	在职教师 总人次	在校大学生 总班次	在校大学生 总人次	社会其他人员 总班次	社会其他人员 总人次	总规模 总班次	总规模 总人次	总收入（万元）
44	扬州大学	11117	46	2339	95	5174	156	12751	115	7631	13	768	51	5893	476	34556	7157.61
45	三江学院	11122									17	1400			17	1400	138.38
46	南京工程学院	11276	1	32	6	350	77	2713	1	27	153	6410			238	9532	1036
47	南京审计大学	11287	83	6011	8	325	74	6076	165	12412					330	24824	6250
48	沙洲职业工学院	11288					8	11140			2	119	2	113	12	11372	95.15
49	南京晓庄学院	11460	72	6292	30	2563	2	110	154	19419			21	603	279	28987	3498.12
50	扬州市职业大学	11462					71	3965	12	253	38	1500			121	5718	1140
51	江苏理工学院	11463	15	1214			58	5022			4	589			77	6825	1822.15
52	连云港师范高等专科学校	11585			38	4804	3	552			5	2668			46	8024	340.45
53	江苏海洋大学	11641	7	227	85	3768	1	30	79	252	3071		26	931	198	8027	655.11
54	徐州工程学院	11998			2	103	16	11857	5	5195	60	1200			83	13412	631.29
55	江苏经贸职业技术学院	12047					17	1237	55	5195	8	1400	16	3355	96	11187	956.3
56	南京特殊教育师范学院	12048							37	2539					37	2539	1011

续表

序号	学校名称	代码	党政管理人员		企事业管理人员		专业技术人员		在职教师		在校大学生		社会其他人员		总规模		总收入（万元）
			总班次	总人次	总班次	总人次	总班次	总人次	总班次	总人次	总班次	总人次	总班次	总人次	总班次	总人次	
57	九州职业技术学院	12054	2	300			15	2149			17	700			34	3149	20.4
58	南通理工学院	12056	3	230	3	215					99	3464	6	720	111	4629	230
59	硅湖职业技术学院	12078					3	280			15	1089	1	800	19	2169	75.56
60	泰州职业技术学院	12106			8	509	59	10907					26	2653	93	14069	396.5
61	南京森林警察学院	12213	29	1921											29	1921	226.5
62	常州信息职业技术学院	12317			7	322	26	3868	10	560	23	7909	15	4091	81	16750	828.1
63	江苏海事职业技术学院	12679			7	421	325	23895							332	24316	2160
64	无锡科技职业学院	12681			8	286					11	1256	245	30000	264	31542	73.1
65	江苏医药职业学院	12682					20	17784			4	486			24	18270	188.96
66	南通科技职业学院	12684					24	22098							24	22098	982.62

续表

序号	学校名称	代码	党政管理人员 总班次	党政管理人员 总人次	企事业管理人员 总班次	企事业管理人员 总人次	专业技术人员 总班次	专业技术人员 总人次	在职教师 总班次	在职教师 总人次	在校大学生 总班次	在校大学生 总人次	社会其他人员 总班次	社会其他人员 总人次	总规模 总班次	总规模 总人次	总收入（万元）
67	苏州经贸职业技术学院	12685			3	1200									3	1200	0
68	苏州工业职业技术学院	12686					69	1790	4	155	33	2524	694	34708	800	39177	170.59
69	无锡商业职业技术学院	12702	19	2722	117	3781	29	1924			85	12986	10	4386	260	25799	609.42
70	南通航运职业技术学院	12703	128	9561			91	8452							219	18013	1313
71	南京交通职业技术学院	12804			7	552	73	10771			37	12562	2	120	119	24005	686.45
72	淮安信息职业技术学院	12805			9	9360	3	3300			5	4400	1	246	18	17306	59.53
73	江苏农牧科技职业学院	12806			17	11120	53	37950							70	49070	1181.35
74	常州纺织服装职业技术学院	12807			2	100	27	1851			16	726	43	2709	88	5386	1094.16
75	苏州农业职业技术学院	12808					94	7652			102	7566	120	3529	316	18747	2398
76	苏州工业园区职业技术学院	12809			8	3251	231	12444	21	939					260	16634	1200

续表

序号	学校名称	代码	党政管理人员 总班次	党政管理人员 总人次	企事业管理人员 总班次	企事业管理人员 总人次	专业技术人员 总班次	专业技术人员 总人次	在职教师 总班次	在职教师 总人次	在校大学生 总班次	在校大学生 总人次	社会其他人员 总班次	社会其他人员 总人次	总规模 总班次	总规模 总人次	总收入（万元）
77	泰州学院	12917	2	120	1	107			1	50					4	277	77.34
78	太湖创意职业技术学院	12918									8	352			8	352	35.2
79	炎黄职业技术学院	12919			10	300									10	300	10
80	南京科技职业学院	12920	16	1440			22	3561	32	834	199	11446	89	22983	358	40264	910.55
81	钟山职业技术学院	12922									16	345			16	345	14.49
82	无锡南洋职业技术学院	12923									20	1745	4	221	24	1966	141.06
83	金肯职业技术学院	13100									19	3917			19	3917	31.8
84	常州工业职业技术学院	13101					14	390	23	2002	66	3564			80	3954	307.3
85	常州工程职业技术学院	13102			20	1204	27	4955	1	39	52	14541			102	21498	817.08
86	江苏农林职业技术学院	13103	2	185			56	6529			9	6570	3	75	91	14602	1254

续表

序号	学校名称	代码	党政管理人员 总班次	党政管理人员 总人次	企事业管理人员 总班次	企事业管理人员 总人次	专业技术人员 总班次	专业技术人员 总人次	在职教师 总班次	在职教师 总人次	在校大学生 总班次	在校大学生 总人次	社会其他人员 总班次	社会其他人员 总人次	总规模 总班次	总规模 总人次	总收入（万元）
87	江苏食品药品职业技术学院	13104	9	726	6	479	172	25839			8	4342	98	16635	293	48021	570.21
88	建东职业技术学院	13105					3	55							3	55	12.2
89	南京铁道职业技术学院	13106			34	10127	77	17942			95	9347			206	37416	567.88
90	徐州工业职业技术学院	13107			12	960	40	2400			70	9000	60	12000	182	24360	223.61
91	江苏信息职业技术学院	13108					35	1444	12	364	142	5674	336	16852	513	23970	349.95
92	南京信息职业技术学院	13112	11	326	147	4417	302	17086	46	1613	174	5243	81	2386	727	29822	3157.27
93	江海职业技术学院	13113					103	8024							103	8024	210.63
94	常州机电职业技术学院	13114	39	1426	54	4630	197	16652	1	19	52	1769	101	5003	489	31093	1386.89
95	江阴职业技术学院	13137			4	1614	1	140			3	1613			9	3386	8.58
96	无锡太湖学院	13571	2	110	2	110					51	2330	3	115	58	2665	103.21

续表

序号	学校名称	代码	党政管理人员 总班次	党政管理人员 总人次	企事业管理人员 总班次	企事业管理人员 总人次	专业技术人员 总班次	专业技术人员 总人次	在职教师 总班次	在职教师 总人次	在校大学生 总班次	在校大学生 总人次	社会其他人员 总班次	社会其他人员 总人次	总规模 总班次	总规模 总人次	总收入（万元）
97	金陵科技学院	13573			1	65	117	10573			22	4980			139	15553	334
98	无锡城市职业技术学院	13748							4	603	5	4238	5	13108	15	18014	200
99	无锡工艺职业技术学院	13749			29	1611	106	5153			85	6237	44	1845	264	14846	38.16
100	苏州健雄职业技术学院	13751			40	1783	46	1723	33	1691			31	1939	150	7136	600
101	盐城工业职业技术学院	13752					71	12201							71	12201	252.6
102	江苏财经职业技术学院	13753			2	175					5	532			7	707	50.56
103	扬州工业职业技术学院	13754			4	100	212	9746			198	8044	116	3857	530	21747	848.4
104	苏州百年职业学院	13962											2040	122	2040	122	500
105	南京机电职业技术学院	14056			26	688					46	1873			72	2561	121.52
106	宿迁学院	14160									5	290			5	290	30
107	南京旅游职业学院	14180	9	3426	17	860	7	1306							33	5592	458.22

续表

序号	学校名称	代码	党政管理人员 总班次	党政管理人员 总人次	企事业管理人员 总班次	企事业管理人员 总人次	专业技术人员 总班次	专业技术人员 总人次	在职教师 总班次	在职教师 总人次	在校大学生 总班次	在校大学生 总人次	社会其他人员 总班次	社会其他人员 总人次	总规模 总班次	总规模 总人次	总收入（万元）
108	江苏卫生健康职业学院	14255			4	300	45	8310							49	8610	389.7
109	徐州幼儿师范高等专科学校	14329							33	2887					33	2887	1681
110	徐州生物工程职业技术学院	14401					37	3398							37	3398	586.7
111	江苏第二师范学院	14436							147	131847					147	131847	4811.02
112	江苏商贸职业学院	14475			60	7000									60	7000	300
113	南通师范高等专科学校	14493			1	638	1	28531	32	8058	13	7022	12	23073	58	66684	2237.68
114	江苏护理职业学院	14541			2	152	2	6170	2	110	3	3595	1	45	9	10558	182.94
115	江苏财会职业学院	14542			2		4	368							6	520	35.12
116	江苏城乡建设职业学院	14543			8	1498	246	22311			24	1674			278	25483	902.85
117	南通市工人业余大学	50504					26	1045							26	1045	80

第八章 江苏省高校继续教育相关数据表

续表

序号	学校名称	代码	党政管理人员		企事业管理人员		专业技术人员		在职教师		在校大学生		社会其他人员		总规模		总收入（万元）
			总班次	总人次	总班次	总人次	总班次	总人次	总班次	总人次	总班次	总人次	总班次	总人次	总班次	总人次	
118	扬州教育学院	50526															180
119	江苏开放大学	51255	830	65554	20	2100	521	27450	3	700	720	41935	4661	441295	6755	579034	0
120	南京市广播电视大学	51396									20	3350	84	8000	84	8000	10.82
	合计		3309	274128	1499	134965	5722	597420	1234	217929	3747	285803	9699	762204	25210	2272449	12485618

表8-6 2019年江苏高校继续教育师资队伍及管理人员情况

序号	学校名称	学校代码	师资队伍（人）				管理队伍（人）		
			合计	校内教师	外聘教师	校内教师占比（%）	合计	专职管理人员	兼职管理人员
1	南京大学	10284	443	298	145	67.27%	346	72	274
2	苏州大学	10285	3563	3054	509	85.71%	46	23	23
3	东南大学	10286	49	45	4	91.84%	7	7	0
4	南京航空航天大学	10287	256	56	200	21.88%	184	184	0
5	南京理工大学	10288	420	340	80	80.95%	283	113	170
6	江苏科技大学	10289	456	386	70	84.65%	52	33	19
7	中国矿业大学	10290	878	370	508	42.14%	168	83	85

续表

序号	学校名称	学校代码	师资队伍（人）					管理队伍（人）		
^	^	^	合计	校内教师	外聘教师	校内教师占比（%）	合计	专职管理人员	兼职管理人员
8	南京工业大学	10291	403	286	117	70.97%	34	24	10
9	常州大学	10292	164	106	58	64.63%	15	13	2
10	南京邮电大学	10293	66	47	19	71.21%	20	20	0
11	河海大学	10294	408	221	187	54.17%	41	37	4
12	江南大学	10295	681	406	275	59.62%	75	65	10
13	南京林业大学	10298	148	42	106	28.38%	51	14	37
14	江苏大学	10299	1097	225	872	20.51%	25	25	0
15	南京信息工程大学	10300	438	33	405	7.53%	19	15	4
16	南通大学	10304	898	460	438	51.22%	268	157	111
17	盐城工学院	10305	275	275	0	100.00%	97	46	51
18	南京农业大学	10307	3767	2156	1611	57.23%	1417	657	760
19	南京医科大学	10312	287	281	6	97.91%	11	11	0
20	徐州医科大学	10313	50	50	0	100.00%	15	15	0
21	南京中医药大学	10315	249	249	0	100.00%	9	9	0
22	中国药科大学	10316	357	127	230	35.57%	13	13	0
23	南京师范大学	10319	278	182	96	65.47%	87	22	65
24	江苏师范大学	10320	323	227	96	70.28%	64	28	36
25	淮阴师范学院	10323	605	589	16	97.36%	52	38	14

续表

序号	学校名称	学校代码	师资队伍（人） 合计	师资队伍（人） 校内教师	师资队伍（人） 外聘教师	师资队伍（人） 校内教师占比（%）	管理队伍（人） 合计	管理队伍（人） 专职管理人员	管理队伍（人） 兼职管理人员
26	盐城师范学院	10324	233	191	42	81.97%	67	34	33
27	南京财经大学	10327	189	153	36	80.95%	32	32	0
28	江苏警官学院	10329	71	70	1	98.59%	9	9	0
29	南京体育学院	10330	49	49	0	100.00%	4	3	1
30	南京艺术学院	10331	19	19	0	100.00%	5	5	0
31	苏州科技大学	10332	652	455	197	69.79%	87	56	31
32	常熟理工学院	10333	401	291	110	72.57%	65	20	45
33	无锡职业技术学院	10848	34	32	2	94.12%	13	6	7
34	江苏建筑职业技术学院	10849	134	129	5	96.27%	17	17	0
35	南京工业职业技术学院	10850	140	94	46	67.14%	51	6	45
36	江苏工程职业技术学院	10958	657	431	226	65.60%	26	5	21
37	苏州工艺美术职业技术学院	10960	178	120	58	67.42%	27	4	23
38	淮阴工学院	11049	132	124	8	93.94%	9	9	0
39	连云港职业技术学院	11050	239	224	15	93.72%	8	8	0
40	镇江市高等专科学校	11051	350	282	68	80.57%	68	46	22
41	南通职业大学	11052	34	32	2	94.12%	7	7	0
42	苏州职业大学	11054	424	341	83	80.42%	72	53	19
43	常州工学院	11055	720	197	523	27.36%	70	16	54

续表

序号	学校名称	学校代码	师资队伍（人）					管理队伍（人）		
			合计	校内教师	外聘教师	校内教师占比（%）	合计	专职管理人员	兼职管理人员
44	扬州大学	11117	1095	881	214	80.46%	143	88	55
45	三江学院	11122	119	41	78	34.45%	11	4	7
46	南京工程学院	11276	283	156	127	55.12%	37	19	18
47	南京审计大学	11287	604	105	499	17.38%	252	31	221
48	沙洲职业工学院	11288	201	200	1	99.50%	9	6	3
49	南京晓庄学院	11460	453	84	369	18.54%	64	52	12
50	扬州市职业大学	11462	1066	765	301	71.76%	28	28	0
51	江苏理工学院	11463	700	296	404	42.29%	236	172	64
52	连云港师范高等专科学校	11585	221	151	70	68.33%	50	20	30
53	江苏海洋大学	11641	212	163	49	76.89%	39	20	19
54	徐州工程学院	11998	163	163	0	100.00%	42	17	25
55	江苏经贸职业技术学院	12047	210	115	95	54.76%	7	7	0
56	南京特殊教育师范学院	12048	37	33	4	89.19%	4	4	0
57	九州职业技术学院	12054	43	31	12	72.09%	12	10	2
58	南通理工学院	12056	64	60	4	93.75%	12	12	0
59	硅湖职业技术学院	12078	44	34	10	77.27%	7	7	0
60	泰州职业技术学院	12106	268	217	51	80.97%	50	30	20
61	南京森林警察学院	12213	22	22	0	100.00%	4	4	0

续表

序号	学校名称	学校代码	师资队伍（人）					管理队伍（人）		
			合计	校内教师	外聘教师	校内教师占比（%）	合计	专职管理人员	兼职管理人员
62	常州信息职业技术学院	12317	272	165	107	60.66%	10	10	0
63	江苏海事职业技术学院	12679	280	241	39	86.07%	46	24	22
64	应天职业技术学院	12680	24	24	0	100.00%	11	11	0
65	无锡科技职业学院	12681	26	19	7	73.08%	14	14	0
66	江苏医药职业学院	12682	138	126	12	91.30%	19	9	10
67	南通科技职业学院	12684	146	104	42	71.23%	13	9	4
68	苏州经贸职业技术学院	12685	19	18	1	94.74%	16	16	0
69	苏州工业职业技术学院	12686	84	84	0	100.00%	4	4	0
70	无锡商业职业技术学院	12702	149	91	58	61.07%	18	6	12
71	南通航运职业技术学院	12703	85	68	17	80.00%	19	12	7
72	南京交通职业技术学院	12804	190	83	107	43.68%	9	6	3
73	淮安信息职业技术学院	12805	165	151	14	91.52%	26	7	19
74	江苏农牧科技职业学院	12806	118	72	46	61.02%	19	9	10
75	常州纺织服装职业技术学院	12807	90	38	52	42.22%	10	7	3
76	苏州农业职业技术学院	12808	103	58	45	56.31%	21	14	7
77	苏州工业园区职业技术学院	12809	134	95	39	70.90%	11	11	0
78	泰州学院	12917	138	106	32	76.81%	16	16	0
79	太湖创意职业技术学院	12918	13	10	3	76.92%	11	11	0

续表

序号	学校名称	学校代码	师资队伍（人）				管理队伍（人）		
			合计	校内教师	外聘教师	校内教师占比（%）	合计	专职管理人员	兼职管理人员
80	炎黄职业技术学院	12919	25	25	0	100.00%	6	6	0
81	南京科技职业学院	12920	160	155	5	96.88%	31	14	17
82	钟山职业技术学院	12922	24	22	2	91.67%	3	3	0
83	无锡南洋职业技术学院	12923	36	36	0	100.00%	7	7	0
84	江南影视艺术职业学院	13017	37	29	8	78.38%	5	5	0
85	金肯职业技术学院	13100	28	20	8	71.43%	20	15	5
86	常州轻工职业技术学院	13101	78	13	65	16.67%	13	5	8
87	常州工程职业技术学院	13102	284	164	120	57.75%	42	22	20
88	江苏农林职业技术学院	13103	859	560	299	65.19%	20	16	4
89	江苏食品药品职业技术学院	13104	83	56	27	67.47%	28	3	25
90	建东职业技术学院	13105	47	47	0	100.00%	3	3	0
91	南京铁道职业技术学院	13106	26	26	0	100.00%	10	10	0
92	徐州工业职业技术学院	13107	49	49	0	100.00%	7	7	0
93	江苏信息职业技术学院	13108	57	42	15	73.68%	13	6	7
94	南京信息职业技术学院	13112	46	37	9	80.43%	16	10	6
95	江海职业技术学院	13113	447	283	164	63.31%	24	8	16
96	常州机电职业技术学院	13114	117	102	15	87.18%	11	11	0
97	江阴职业技术学院	13137	471	471	0	100.00%	28	28	0

续表

序号	学校名称	学校代码	师资队伍（人）					管理队伍（人）	
			合计	校内教师	外聘教师	校内教师占比（%）	合计	专职管理人员	兼职管理人员
98	无锡太湖学院	13571	41	29	12	70.73%	11	11	0
99	金陵科技学院	13573	135	45	90	33.33%	25	7	18
100	无锡城市职业技术学院	13748	71	71	0	100.00%	6	6	0
101	无锡工艺职业技术学院	13749	60	46	14	76.67%	22	22	0
102	苏州健雄职业技术学院	13751	26	21	5	80.77%	15	8	7
103	盐城工业职业技术学院	13752	159	112	47	70.44%	14	6	8
104	江苏财经职业技术学院	13753	165	137	28	83.03%	5	5	0
105	扬州工业职业技术学院	13754	182	146	36	80.22%	27	9	18
106	苏州百年职业学院	13962	26	26	0	100.00%	5	5	0
107	南京机电职业技术学院	14056	62	42	20	67.74%	31	31	0
108	宿迁学院	14160	140	134	6	95.71%	33	5	28
109	苏州高博软件技术职业学院	14163	295	295	0	100.00%	9	5	4
110	南京旅游职业学院	14180	6	6	0	100.00%	3	3	0
111	江苏卫生健康职业学院	14255	511	416	95	81.41%	62	49	13
112	宿迁泽达职业技术学院	14293	45	45	0	100.00%	8	6	2
113	苏州工业园区服务外包职业学院	14295	15	15	0	100.00%	10	5	5
114	徐州幼儿师范高等专科学校	14329	63	57	6	90.48%	11	11	0

续表

序号	学校名称	学校代码	师资队伍（人）				管理队伍（人）		
			合计	校内教师	外聘教师	校内教师占比（%）	合计	专职管理人员	兼职管理人员
115	徐州生物工程职业技术学院	14401	70	70	0	100.00%	10	10	0
116	江苏第二师范学院	14436	179	50	129	27.93%	13	7	6
117	江苏商贸职业学院	14475	31	31	0	100.00%	5	5	0
118	南通师范高等专科学校	14493	54	14	40	25.93%	11	7	4
119	江苏护理职业学院	14541	131	66	65	50.38%	16	5	11
120	江苏财会职业学院	14542	17	17	0	100.00%	4	4	0
121	江苏城乡建设职业学院	14543	109	76	33	69.72%	15	15	0
122	南京市职工大学	50460	16	16	0	100.00%	11	11	0
123	南通市工人业余大学	50504	25	17	8	68.00%	7	6	1
124	扬州教育学院	50526	291	151	140	51.89%	28	28	0
125	江苏开放大学	51255	1811	1548	263	85.48%	721	235	486
126	南京市广播电视大学	51396	126	110	16	87.30%	65	40	25
	合计		36930	24761	12169	67.03%	6826	3533	3293

表 8-7 2019 年江苏高校继续教育数字化学习资源建设情况

序号	学校名称	学校代码	网络课程总数	继续教育管理系统	在线学习系统	APP 应用	继教网站	题库	案例库
1	南京大学	10284	271	√	√	√	√	√	√

续表

序号	学校名称	学校代码	网络课程总数	继续教育管理系统	在线学习系统	APP应用	继教网站	题库	案例库
2	苏州大学	10285	234	√	√		√	√	
3	东南大学	10286	0	√	√	√	√		
4	南京航空航天大学	10287	345	√	√		√	√	√
5	南京理工大学	10288	35	√			√	√	√
6	江苏科技大学	10289	22	√	√	√	√		√
7	中国矿业大学	10290	144	√	√		√	√	
8	南京工业大学	10291	131	√	√		√		
9	常州大学	10292	5	√			√		
10	南京邮电大学	10293	276	√	√	√		√	√
11	河海大学	10294	350	√	√		√	√	√
12	江南大学	10295	457	√	√		√	√	
13	南京林业大学	10298	69	√	√		√	√	√
14	江苏大学	10299	360	√	√		√	√	
15	南京信息工程大学	10300	68	√	√		√	√	√
16	南通大学	10304	0	√			√		
17	盐城工学院	10305	148	√	√		√	√	√
18	南京农业大学	10307	204	√	√		√	√	
19	南京医科大学	10312	13	√	√		√		
20	徐州医科大学	10313	15	√			√	√	

续表

序号	学校名称	学校代码	网络课程总数	继续教育管理系统	在线学习系统	APP应用	继教网站	题库	案例库
21	南京中医药大学	10315	28	√	√		√	√	
22	中国药科大学	10316	18	√	√		√	√	
23	南京师范大学	10319	14	√	√	√	√	√	
24	江苏师范大学	10320	151	√	√		√	√	
25	淮阴师范学院	10323	9				√	√	√
26	盐城师范学院	10324	95	√	√		√	√	
27	南京财经大学	10327	180	√	√		√	√	
28	江苏警官学院	10329	5	√	√		√		
29	南京体育学院	10330	0	√			√	√	
30	南京艺术学院	10331	0	√			√	√	
31	苏州科技大学	10332	79	√		√	√	√	√
32	常熟理工学院	10333	26	√			√	√	
33	无锡职业技术学院	10848	4	√			√	√	√
34	江苏建筑职业技术学院	10849	234	√			√	√	√
35	南京工业职业技术学院	10850	105	√			√	√	√
36	江苏工程职业技术学院	10958	2		√	√	√	√	√
37	苏州工艺美术职业技术学院	10960	308	√	√		√	√	√
38	淮阴工学院	11049	1029	√			√	√	
39	连云港职业技术学院	11050	111	√			√	√	

续表

序号	学校名称	学校代码	网络课程总数	继续教育管理系统	在线学习系统	APP应用	继教网站	题库	案例库
40	镇江市高等专科学校	11051	52	√			√	√	√
41	南通职业大学	11052	0	√			√		√
42	苏州职业大学	11054	76	√			√		
43	常州工学院	11055	772	√			√	√	√
44	扬州大学	11117	26	√	√		√		
45	三江学院	11122	0						
46	南京工程学院	11276	20	√	√		√	√	√
47	南京审计大学	11287	595	√	√		√	√	√
48	沙洲职业工学院	11288	6	√			√	√	√
49	南京晓庄学院	11460	6	√			√	√	√
50	扬州市职业大学	11462	156	√			√		
51	江苏理工学院	11463	892	√	√	√	√	√	√
52	连云港师范高等专科学校	11585	280	√			√		
53	江苏海洋大学	11641	320	√	√	√	√		
54	徐州工程学院	11998	500	√			√	√	
55	江苏经贸职业技术学院	12047	260	√			√	√	√
56	南京特殊教育师范学院	12048					√		
57	九州职业技术学院	12054	108	√			√	√	
58	南通理工学院	12056	228	√	√		√	√	

续表

序号	学校名称	学校代码	网络课程总数	继续教育管理系统	在线学习系统	APP应用	继教网站	题库	案例库
59	硅湖职业技术学院	12078							
60	泰州职业技术学院	12106	52	√			√	√	√
61	南京森林警察学院	12213	3	√			√	√	√
62	常州信息职业技术学院	12317	143	√			√	√	√
63	江苏海事职业技术学院	12679	81	√	√		√		
64	应天职业技术学院	12680	0						
65	无锡科技职业学院	12681	36	√			√	√	√
66	江苏医药职业学院	12682	43	√	√		√	√	
67	南通科技职业学院	12684	15	√			√	√	
68	苏州经贸职业技术学院	12685	0				√		
69	苏州工业职业技术学院	12686	0	√			√	√	√
70	无锡商业职业技术学院	12702	740	√	√		√	√	√
71	南通航运职业技术学院	12703	33	√			√		
72	南京交通职业技术学院	12804	142	√	√	√	√	√	√
73	淮安信息职业技术学院	12805	128	√		√	√	√	
74	江苏农牧科技职业学院	12806	11	√			√	√	√
75	常州纺织服装职业技术学院	12807	4	√			√	√	
76	苏州农业职业技术学院	12808	61	√	√		√	√	√
77	苏州工业园区职业技术学院	12809	0	√	√		√	√	

续表

序号	学校名称	学校代码	网络课程总数	继续教育管理系统	在线学习系统	APP应用	继教网站	题库	案例库
78	泰州学院	12917	144	√			√	√	
79	太湖创意职业技术学院	12918	38	√			√	√	√
80	炎黄职业技术学院	12919	0	√			√		√
81	南京科技职业技术学院	12920	179	√	√		√	√	√
82	钟山职业技术学院	12922	10				√	√	
83	无锡南洋职业技术学院	12923	0	√			√		
84	江南影视艺术职业学院	13017	0	√			√	√	√
85	金肯职业技术学院	13100	80	√	√		√		
86	常州工业职业技术学院	13101	0	√			√	√	√
87	常州工程职业技术学院	13102	155	√	√		√	√	
88	江苏农林职业技术学院	13103	58	√			√	√	√
89	江苏食品药品职业技术学院	13104	12				√		
90	建东职业技术学院	13105	31	√			√	√	
91	南京铁道职业技术学院	13106	0				√		
92	徐州工业职业技术学院	13107	0	√			√		
93	江苏信息职业技术学院	13108	65	√			√	√	√
94	南京信息职业技术学院	13112	274	√		√	√	√	√
95	江海职业技术学院	13113	0				√		
96	常州机电职业技术学院	13114	102	√			√	√	√

续表

序号	学校名称	学校代码	网络课程总数	继续教育管理系统	在线学习系统	APP应用	继教网站	题库	案例库
97	江阴职业技术学院	13137	48	√	√		√	√	
98	无锡太湖学院	13571	260	√		√	√	√	
99	金陵科技学院	13573	0				√		
100	无锡城市职业技术学院	13748	0				√		
101	无锡工艺职业技术学院	13749	0	√			√		
102	苏州健雄职业技术学院	13751	1	√			√	√	√
103	盐城工业职业技术学院	13752	305	√			√	√	√
104	江苏财经职业技术学院	13753	80	√	√	√	√	√	√
105	扬州工业职业技术学院	13754	13	√			√		
106	苏州百年职业学院	13962	5	√			√	√	
107	南京机电职业技术学院	14056	50	√			√	√	
108	宿迁学院	14160	105				√	√	√
109	苏州高博软件技术职业学院	14163	0				√		
110	南京旅游职业学院	14180	7	√			√		
111	江苏卫生健康职业学院	14255	90	√			√	√	√
112	宿迁泽达职业技术学院	14293	145	√				√	
113	苏州工业园区服务外包职业学院	14295	6	√			√	√	√
114	徐州幼儿师范高等专科学校	14329							

续表

序号	学校名称	学校代码	网络课程总数	继续教育管理系统	在线学习系统	APP应用	继教网站	题库	案例库
115	徐州生物工程职业技术学院	14401	69	√			√	√	
116	江苏第二师范学院	14436	5000	√			√	√	
117	江苏商贸职业学院	14475	0				√		
118	南通师范高等专科学校	14493	1000	√	√		√	√	√
119	江苏护理职业学院	14541	20	√			√		
120	江苏财会职业学院	14542	0				√	√	
121	江苏城乡建设职业学院	14543	120	√	√		√	√	
122	南京市职工大学	50460	52	√	√		√	√	√
123	南通市工人业余大学	50504	23	√	√		√		
124	扬州教育学院	50526	80	√			√		
125	江苏开放大学	51255	1388	√			√	√	
126	南京市广播电视大学	51396	41	√				√	
合计			21390	105	45	15		86	45

表 8-8　2019 年江苏高校继续教育师资队伍职称和学历构成情况

序号	学校名称	学校代码	专业技术职称（人）							学 历（人）					
			合计	初级及以下	中级	副高	正高	副高以上占比（%）	合计	专科及以下	本科	硕士	博士	硕士以上占比（%）
1	南京大学	10284	443	84	86	166	107	61.63%	443	1	55	116	271	87.36%
2	苏州大学	10285	3563	58	1036	1438	1031	69.30%	3563	13	699	698	2153	80.02%
3	东南大学	10286	49	0	14	22	13	71.43%	49	0	0	16	33	100.00%
4	南京航空航天大学	10287	256	0	174	48	34	32.03%	256	0	112	120	24	56.25%
5	南京理工大学	10288	420	17	185	191	27	51.90%	420	0	93	263	64	77.86%
6	江苏科技大学	10289	456	25	93	180	158	74.12%	456	0	76	236	144	83.33%
7	中国矿业大学	10290	878	80	498	283	17	34.17%	878	0	614	250	14	30.07%
8	南京工业大学	10291	403	0	206	145	52	48.88%	403	0	204	142	57	49.38%
9	常州大学	10292	164	24	106	26	8	20.73%	164	0	26	77	61	84.15%
10	南京邮电大学	10293	66	6	33	24	3	40.91%	66	0	4	41	21	93.94%
11	河海大学	10294	408	0	141	168	99	65.44%	408	0	71	125	212	82.60%
12	江南大学	10295	681	0	268	341	72	60.65%	681	0	305	330	46	55.21%
13	南京林业大学	10298	148	16	71	55	6	41.22%	148	0	18	67	63	87.84%
14	江苏大学	10299	1097	9	552	433	103	48.86%	1097	0	425	505	167	61.26%
15	南京信息工程大学	10300	438	87	233	94	24	26.94%	438	46	227	144	21	37.67%
16	南通大学	10304	898	0	135	502	261	84.97%	898	0	115	495	288	87.19%

续表

序号	学校名称	学校代码	专业技术职称（人）							学历（人）				
			合计	初级及以下	中级	副高	正高	副高以上占比（%）	合计	专科及以下	本科	硕士	博士	硕士以上占比（%）
17	盐城工学院	10305	275	10	120	110	35	52.73%	275	0	70	80	125	74.55%
18	南京农业大学	10307	3767	614	1458	1047	648	45.00%	3767	11	555	1139	2062	84.97%
19	南京医科大学	10312	287	8	131	105	43	51.57%	287	0	22	166	99	92.33%
20	徐州医科大学	10313	50	0	21	13	16	58.00%	50	0	12	23	15	76.00%
21	南京中医药大学	10315	249	0	27	132	90	89.16%	249	0	0	162	87	100.00%
22	中国药科大学	10316	357	10	238	89	20	30.53%	357	0	126	154	77	64.71%
23	南京师范大学	10319	278	0	87	120	71	68.71%	278	0	49	119	110	82.37%
24	江苏师范大学	10320	323	0	90	152	81	72.14%	323	0	29	108	186	91.02%
25	淮阴师范学院	10323	605	3	229	287	86	61.65%	605	3	208	298	96	65.12%
26	盐城师范学院	10324	233	8	119	93	13	45.49%	233	0	13	187	33	94.42%
27	南京财经大学	10327	189	0	48	99	42	74.60%	189	0	39	115	35	79.37%
28	江苏警官学院	10329	71	1	30	32	8	56.34%	71	0	40	20	11	43.66%
29	南京体育学院	10330	49	30	0	15	4	38.78%	49	0	38	11	0	22.45%
30	南京艺术学院	10331	19	0	16	2	1	15.79%	19	0	0	17	2	100.00%
31	苏州科技大学	10332	652	42	240	302	68	56.75%	652	0	108	377	167	83.44%
32	常熟理工学院	10333	401	0	190	180	31	52.62%	401	2	97	192	110	75.31%
33	无锡职业技术学院	10848	34	4	15	13	2	44.12%	34	0	11	22	1	67.65%

续表

序号	学校名称	学校代码	专业技术职称（人）						学历（人）				
			合计	初级及以下	中级	副高	正高	副高以上占比（%）	合计	专科及以下	本科	硕士	博士	硕士以上占比（%）
34	江苏建筑职业技术学院	10849	134	0	62	62	10	53.73%	134	0	64	68	2	52.24%
35	南京工业职业技术学院	10850	140	4	65	48	23	50.71%	140	5	47	73	15	62.86%
36	江苏工程职业技术学院	10958	657	43	374	212	28	36.53%	657	0	270	371	16	58.90%
37	苏州工艺美术职业技术学院	10960	178	8	52	90	28	66.29%	178	8	39	119	12	73.60%
38	淮阴工学院	11049	132	0	59	59	14	55.30%	132	0	35	80	17	73.48%
39	连云港职业技术学院	11050	239	92	80	55	12	28.03%	239	17	146	68	8	31.80%
40	镇江市高等专科学校	11051	350	66	156	122	6	36.57%	350	0	277	73	0	20.86%
41	南通职业大学	11052	34	0	13	16	5	61.76%	34	1	9	20	4	70.59%
42	苏州职业大学	11054	424	93	192	131	8	32.78%	424	13	226	180	5	43.63%
43	常州工学院	11055	720	45	373	267	35	41.94%	720	6	372	285	57	47.50%
44	扬州大学	11117	1095	60	326	518	191	64.75%	1095	1	216	305	573	80.18%
45	三江学院	11122	119	5	55	55	4	49.58%	119	1	49	56	13	57.98%
46	南京工程学院	11276	283	0	188	77	18	33.57%	283	0	133	131	19	53.00%
47	南京审计大学	11287	604	67	227	234	76	51.32%	604	1	272	229	102	54.80%
48	沙洲职业工学院	11288	201	2	99	89	11	49.75%	201	0	161	30	10	19.90%
49	南京晓庄学院	11460	453	0	302	121	30	33.33%	453	0	227	205	21	49.89%
50	扬州市职业大学	11462	1066	20	493	466	87	51.88%	1066	0	276	511	279	74.11%

续表

序号	学校名称	学校代码	专业技术职称（人）							学历（人）				硕士以上占比（%）
			合计	初级及以下	中级	副高	正高	副高以上占比（%）	合计	专科及以下	本科	硕士	博士	
51	江苏理工学院	11463	700	102	326	252	20	38.86%	700	0	142	521	37	79.71%
52	连云港师范高等专科学校	11585	221	17	104	83	17	45.25%	221	0	125	88	8	43.44%
53	江苏海洋大学	11641	212	1	80	105	26	61.79%	212	0	70	103	39	66.98%
54	徐州工程学院	11998	163	0	56	77	30	65.64%	163	0	11	121	31	93.25%
55	江苏经贸职业技术学院	12047	210	0	136	50	24	35.24%	210	0	41	157	12	80.48%
56	南京特殊教育师范学院	12048	37	0	3	24	10	91.89%	37	0	6	18	13	83.78%
57	九州职业技术学院	12054	43	0	25	18	0	41.86%	43	0	17	26	0	60.47%
58	南通理工学院	12056	64	0	46	18	0	28.13%	64	0	27	37	0	57.81%
59	硅湖职业技术学院	12078	44	7	18	12	7	43.18%	44	5	30	12	2	31.82%
60	泰州职业技术学院	12106	268	5	125	125	13	51.49%	268	0	89	156	18	64.93%
61	南京森林警察学院	12213	22	0	10	9	3	54.55%	22	0	0	15	7	100.00%
62	常州信息职业技术学院	12317	272	0	117	129	26	56.99%	272	0	87	151	34	68.01%
63	江苏海事职业技术学院	12679	280	37	120	99	24	43.93%	280	3	111	148	18	59.29%
64	应天职业技术学院	12680	24	2	12	10	0	41.67%	24	0	2	22	0	91.67%
65	无锡科技职业学院	12681	26	0	12	12	2	53.85%	26	0	17	8	1	34.62%
66	江苏医药职业学院	12682	138	16	36	73	13	62.32%	138	0	33	97	8	76.09%
67	南通科技职业学院	12684	146	31	65	44	6	34.25%	146	0	50	93	3	65.75%

续表

序号	学校名称	学校代码	专业技术职称（人）							学历（人）					
			合计	初级及以下	中级	副高	正高	副高以上占比（%）	合计	专科及以下	本科	硕士	博士	硕士以上占比（%）
68	苏州经贸职业技术学院	12685	19	0	10	8	1	47.37%	19	0	8	10	1	57.89%
69	苏州工业职业技术学院	12686	84	0	75	6	3	10.71%	84	0	15	65	4	82.14%
70	无锡商业职业技术学院	12702	149	27	74	40	8	32.21%	149	2	82	64	1	43.62%
71	南通航运职业技术学院	12703	85	5	42	36	2	44.71%	85	0	28	55	2	67.06%
72	南京交通职业技术学院	12804	190	14	72	81	23	54.74%	190	0	91	88	11	52.11%
73	淮安信息职业技术学院	12805	165	8	45	88	24	67.88%	165	0	76	65	24	53.94%
74	江苏农牧科技职业技术学院	12806	118	0	0	93	25	100.00%	118	0	35	72	11	70.34%
75	常州纺织服装职业技术学院	12807	90	0	32	47	11	64.44%	90	0	33	54	3	63.33%
76	苏州农业职业技术学院	12808	103	0	52	42	9	49.51%	103	0	48	47	8	53.40%
77	苏州工业园区职业技术学院	12809	134	28	80	22	4	19.40%	134	0	58	73	3	56.72%
78	泰州学院	12917	138	2	67	55	14	50.00%	138	0	42	62	34	69.57%
79	太湖创意职业技术学院	12918	13	0	4	7	2	69.23%	13	0	10	3	0	23.08%
80	炎黄职业技术学院	12919	25	0	20	5	0	20.00%	25	0	18	7	0	28.00%
81	南京科技职业学院	12920	160	14	78	58	10	42.50%	160	2	80	73	5	48.75%
82	钟山职业技术学院	12922	24	8	11	4	1	20.83%	24	0	4	19	1	83.33%
83	无锡南洋职业技术学院	12923	36	4	26	5	1	16.67%	36	0	23	13	0	36.11%
84	江南影视艺术职业学院	13017	37	3	19	10	5	40.54%	37	0	15	21	1	59.46%

续表

序号	学校名称	学校代码	专业技术职称（人）							学历（人）				
			合计	初级及以下	中级	副高	正高	副高以上占比（%）	专科及以下	本科	硕士	博士	硕士以上占比（%）
85	金肯职业技术学院	13100	28	2	23	3	0	10.71%	0	12	16	0	57.14%
86	常州轻工职业技术学院	13101	78	8	42	27	1	35.90%	1	64	12	1	16.67%
87	常州工程职业技术学院	13102	284	33	168	76	7	29.23%	0	102	168	14	64.08%
88	江苏农林职业技术学院	13103	859	133	258	274	194	54.48%	0	484	316	59	43.66%
89	江苏食品药品职业技术学院	13104	83	5	49	19	10	34.94%	9	29	44	1	54.22%
90	建东职业技术学院	13105	47	10	25	12	0	25.53%	0	35	12	0	25.53%
91	南京铁道职业技术学院	13106	26	1	9	16	0	61.54%	0	15	10	1	42.31%
92	徐州工业职业技术学院	13107	49	9	27	11	2	26.53%	0	19	30	0	61.22%
93	江苏信息职业技术学院	13108	57	4	46	7	0	12.28%	0	43	14	0	24.56%
94	南京信息职业技术学院	13112	46	0	27	16	3	41.30%	0	4	41	1	91.30%
95	江海职业技术学院	13113	447	100	215	121	11	29.53%	18	252	171	6	39.60%
96	常州机电职业技术学院	13114	117	4	65	33	15	41.03%	0	37	73	7	68.38%
97	江阴职业技术学院	13137	471	42	209	203	17	46.71%	11	372	81	7	18.68%
98	无锡太湖学院	13571	41	11	19	9	2	26.83%	0	24	15	2	41.46%
99	金陵科技学院	13573	135	32	75	24	4	20.74%	5	84	39	7	34.07%
100	无锡城市职业技术学院	13748	71	1	33	30	7	52.11%	0	31	22	18	56.34%
101	无锡工艺职业技术学院	13749	60	5	27	28	0	46.67%	8	30	22	0	36.67%

续表

序号	学校名称	学校代码	专业技术职称（人）							学历（人）				
			合计	初级及以下	中级	副高	正高	副高以上占比（%）	合计	专科及以下	本科	硕士	博士	硕士以上占比（%）
102	苏州健雄职业技术学院	13751	26	0	10	15	1	61.54%	26	0	10	16	0	61.54%
103	盐城工业职业技术学院	13752	159	15	87	57	0	35.85%	159	0	95	63	1	40.25%
104	江苏财经职业技术学院	13753	165	11	92	54	8	37.58%	165	0	118	45	2	28.48%
105	扬州工业职业技术学院	13754	182	0	112	56	14	38.46%	182	0	32	140	10	82.42%
106	苏州百年职业学院	13962	26	0	10	16	0	61.54%	26	0	0	26	0	100.00%
107	南京机电职业技术学院	14056	62	13	43	6	0	9.68%	62	2	58	2	0	3.23%
108	宿迁学院	14160	140	0	69	67	4	50.71%	140	0	7	121	12	95.00%
109	苏州高博软件技术职业学院	14163	295	99	106	58	32	30.51%	295	12	110	159	14	58.64%
110	南京旅游职业学院	14180	6	0	4	1	1	33.33%	6	0	1	4	1	83.33%
111	江苏卫生健康职业学院	14255	511	87	193	174	57	45.21%	511	3	261	231	16	48.34%
112	宿迁泽达职业技术学院	14293	45	25	17	3	0	6.67%	45	0	29	16	0	35.56%
113	苏州工业园区服务外包职业学院	14295	15	0	12	3	0	20.00%	15	0	2	11	2	86.67%
114	徐州幼儿师范高等专科学校	14329	63	6	34	18	5	36.51%	63	0	18	43	2	71.43%
115	徐州生物工程职业技术学院	14401	70	0	31	36	3	55.71%	70	0	33	34	3	52.86%
116	江苏第二师范学院	14436	179	6	77	79	17	53.63%	179	0	45	112	22	74.86%
117	江苏商贸职业学院	14475	31	9	12	10	0	32.26%	31	0	15	16	0	51.61%

续表

序号	学校名称	学校代码	专业技术职称（人）					学历（人）				
			合计	初级及以下	中级	副高	正高	副高以上占比（%）	合计	专科及以下	本科	硕士	博士	硕士以上占比（%）

序号	学校名称	学校代码	合计	初级及以下	中级	副高	正高	副高以上占比（%）	合计	专科及以下	本科	硕士	博士	硕士以上占比（%）
118	南通师范高等专科学校	14493	54	0	0	34	20	100.00%	54	0	18	29	7	66.67%
119	江苏护理职业学院	14541	131	7	52	46	26	54.96%	131	0	43	83	5	67.18%
120	江苏财会职业学院	14542	17	0	3	14	0	82.35%	17	0	12	5	0	29.41%
121	江苏城乡建设职业学院	14543	109	25	43	35	6	37.61%	109	2	80	26	1	24.77%
122	南京市职工大学	50460	16	8	7	1	0	6.25%	16	1	13	2	0	12.50%
123	南通市工人业余大学	50504	25	12	8	5	0	20.00%	25	18	7	0	0	0.00%
124	扬州教育学院	50526	291	20	143	75	53	43.99%	291	0	91	130	70	68.73%
125	江苏开放大学	51255	1811	68	804	899	40	51.85%	1811	1	1161	554	95	35.84%
126	南京市广播电视大学	51396	126	0	61	59	6	51.59%	126	0	78	48	0	38.10%
	合计		36930	2783	15351	14006	4790	50.90%	36930	232	12778	15185	8735	64.77%

表8-9 2019年江苏高校继续教育与全日制教育各专业招生、在籍生人数对比情况

序号	学校名称	代码	专业数	招生数（人）			在籍生数（人）		
				继续教育（A）	全日制教育（B）	A：B（%）	继续教育（A）	全日制教育（B）	A：B（%）
1	南京大学	10284	70	8486	1360	623.97%	25185	3989	631.36%
2	苏州大学	10285	28	3902	2652	147.13%	8658	9546	90.70%

续表

序号	学校名称	代码	专业数	招生数（人）继续教育（A）	招生数（人）全日制教育（B）	招生数（人）A：B（%）	在籍生数（人）继续教育（A）	在籍生数（人）全日制教育（B）	在籍生数（人）A：B（%）
3	东南大学	10286	20	/	/	/	2723	2878	94.61%
4	南京航空航天大学	10287	57	14134	1469	962.15%	23869	8589	277.90%
5	南京理工大学	10288	36	6068	1280	474.06%	12886	4397	293.06%
6	江苏科技大学	10289	40	7093	2696	263.09%	14112	8892	158.70%
7	中国矿业大学	10290	51	9762	4573	213.47%	16672	16165	103.14%
8	南京工业大学	10291	34	4270	4096	104.25%	8893	11988	74.18%
9	常州大学	10292	50	7647	2361	323.89%	14397	8776	164.05%
10	南京邮电大学	10293	24	3512	2063	170.24%	7293	7282	100.15%
11	河海大学	10294	61	4857	3051	159.19%	18343	13342	137.48%
12	江南大学	10295	71	34150	2660	1283.83%	106933	10616	1007.28%
13	南京林业大学	10298	24	702	1155	60.78%	2004	5687	35.24%
14	江苏大学	10299	36	4677	3190	146.61%	11148	12807	87.05%
15	南京信息工程大学	10300	33	2529	731	345.96%	4511	8109	55.63%
16	南通大学	10304	55	5430	3715	146.16%	14756	15956	92.48%
17	盐城工学院	10305	22	3328	3168	105.05%	7687	10995	69.91%
18	南京农业大学	10307	60	5929	7902	75.03%	21402	27088	79.01%
19	南京医科大学	10312	9	4715	1183	398.56%	9652	6727	143.48%

续表

序号	学校名称	代码	专业数	招生数（人）			在籍生数（人）		
				继续教育(A)	全日制教育(B)	A：B(%)	继续教育(A)	全日制教育(B)	A：B(%)
20	徐州医科大学	10313	12	3539	1142	309.89%	7590	6891	110.14%
21	南京中医药大学	10315	16	3161	430	735.12%	5890	4855	121.32%
22	中国药科大学	10316	7	5751	1776	323.82%	21178	6168	343.35%
23	南京师范大学	10319	32	2265	1773	127.75%	4974	4622	107.62%
24	江苏师范大学	10320	51	7425	2646	280.61%	13064	10378	125.88%
25	淮阴师范学院	10323	33	2403	2841	84.58%	5246	12259	42.79%
26	盐城师范学院	10324	29	2298	3428	67.04%	3886	12675	30.66%
27	南京财经大学	10327	14	3125	1369	228.27%	9015	4832	186.57%
28	江苏警官学院	10329	9	1789	653	273.97%	3647	2577	141.52%
29	南京艺术学院	10331	2	15	208	7.21%	86	853	10.08%
30	苏州科技大学	10332	19	5838	1747	334.17%	9513	8143	116.82%
31	常熟理工学院	10333	49	1097	3110	35.27%	4074	11957	34.07%
32	无锡职业技术学院	10848	12	1078	1599	67.42%	1677	4755	35.27%
33	江苏建筑职业技术学院	10849	45	3757	3529	106.46%	7464	9763	76.45%
34	南京工业职业技术学院	10850	15	369	1282	28.78%	1498	4064	36.86%
35	江苏工程职业技术学院	10958	26	1350	2432	55.51%	2346	7132	32.89%

续表

序号	学校名称	代码	专业数	招生数（人）继续教育（A）	招生数（人）全日制教育（B）	A∶B（%）	在籍生数（人）继续教育（A）	在籍生数（人）全日制教育（B）	A∶B（%）
36	苏州工艺美术职业技术学院	10960	2	30	90	33.33%	81	285	28.42%
37	淮阴工学院	11049	27	1374	3176	43.26%	2697	11860	22.74%
38	连云港职业技术学院	11050	37	2408	612	393.46%	4398	1326	331.67%
39	镇江市高等专科学校	11051	16	2467	1428	172.76%	4164	3539	117.66%
40	南通职业大学	11052	34	1136	2797	40.61%	4131	7124	57.99%
41	苏州职业大学	11054	22	2993	2429	123.22%	5901	6726	87.73%
42	常州工学院	11055	24	3335	1945	171.47%	8483	6843	123.97%
43	扬州大学	11117	49	5913	3761	157.22%	18523	16080	115.19%
44	三江学院	11122	20	64	1124	5.69%	502	5719	8.78%
45	南京工程学院	11276	15	2210	1930	114.51%	6684	8328	80.26%
46	南京审计大学	11287	24	5483	2677	204.82%	10098	11713	86.21%
47	沙洲职业工学院	11288	12	470	901	52.16%	1433	1755	81.65%
48	南京晓庄学院	11460	39	1401	1883	74.40%	5742	7338	78.25%
49	扬州市职业大学	11462	28	2002	2627	76.21%	4027	7984	50.44%
50	江苏理工学院	11463	30	2503	3030	82.61%	8229	12284	66.99%

续表

序号	学校名称	代码	专业数	招生数（人）继续教育（A）	招生数（人）全日制教育（B）	A∶B（%）	在籍生数（人）继续教育（A）	在籍生数（人）全日制教育（B）	A∶B（%）
51	连云港师范高等专科学校	11585	23	4943	1034	478.05%	10762	3447	312.21%
52	江苏海洋大学	11641	22	3945	2610	151.15%	6340	9761	64.95%
53	徐州工程学院	11998	25	4299	2548	168.72%	6427	2548	252.24%
54	江苏经贸职业技术学院	12047	23	2730	1897	143.91%	5124	5340	95.96%
55	九州职业技术学院	12054	15	883	541	163.22%	1843	2089	88.22%
56	南通理工学院	12056	25	2897	1412	205.17%	4959	996	497.89%
57	硅湖职业技术学院	12078	8	30	378	7.94%	168	1378	12.19%
58	泰州职业技术学院	12106	25	2834	2046	138.51%	5798	5568	104.13%
59	南京森林警察学院	12213	2	55	381	14.44%	65	1589	4.09%
60	常州信息职业技术学院	12317	22	5092	2080	244.81%	10489	6182	169.67%
61	江苏海事职业技术学院	12679	32	2356	3179	74.11%	4266	8942	47.71%
62	应天职业技术学院	12680	11	1055	204	517.16%	1853	511	362.62%
63	无锡科技职业学院	12681	13	1083	1205	89.88%	1965	3046	64.51%
64	南通科技职业学院	12684	28	2249	1776	126.63%	4236	3965	106.83%
65	苏州经贸职业技术学院	12685	11	524	1636	32.03%	836	4648	17.99%
66	苏州工业职业技术学院	12686	14	265	993	26.69%	505	3217	15.70%

续表

序号	学校名称	代码	专业数	招生数（人）继续教育（A）	招生数（人）全日制教育（B）	A∶B（%）	在籍生数（人）继续教育（A）	在籍生数（人）全日制教育（B）	A∶B（%）
67	无锡商业职业技术学院	12702	17	1629	2689	60.58%	2798	7367	37.98%
68	南通航运职业技术学院	12703	20	1434	2358	60.81%	2027	5556	36.48%
69	南京交通职业技术学院	12804	25	2527	1955	129.26%	5835	5892	99.03%
70	淮安信息职业技术学院	12805	16	1395	968	144.11%	3066	2392	128.18%
71	江苏农牧科技职业学院	12806	34	1930	2931	65.85%	4713	8068	58.42%
72	常州纺织服装职业技术学院	12807	21	761	1498	50.80%	1944	4627	42.01%
73	苏州农业职业技术学院	12808	15	1212	1974	61.40%	2225	5155	43.16%
74	苏州工业园区职业技术学院	12809	24	1460	1385	105.42%	2544	3754	67.77%
75	泰州学院	12917	26	3588	923	388.73%	6415	3965	161.79%
76	太湖创意职业技术学院	12918	2	162	12	1350.00%	162	67	241.79%
77	炎黄职业技术学院	12919	8	231	629	36.72%	304	2250	13.51%
78	南京科技职业技术学院	12920	14	2576	1498	171.96%	3763	4441	84.73%
79	钟山职业技术学院	12922	13	1020	1180	86.44%	345	2133	16.17%
80	无锡南洋职业技术学院	12923	11	341	730	46.71%	590	2092	28.20%
81	金肯职业技术学院	13100	4	166	501	33.13%	155	1376	11.26%

续表

序号	学校名称	代码	专业数	招生数（人）			在籍生数（人）		
				继续教育(A)	全日制教育(B)	A：B(%)	继续教育(A)	全日制教育(B)	A：B(%)
82	常州工业职业技术学院	13101	17	1165	1962	59.38%	1758	4669	37.65%
83	常州工程职业技术学院	13102	20	3694	1898	194.63%	6249	3972	157.33%
84	江苏农林职业技术学院	13103	24	808	1948	41.48%	3008	5344	56.29%
85	江苏食品药品职业技术学院	13104	12	1498	1535	97.59%	3005	3630	82.78%
86	建东职业技术学院	13105	15	815	38	2144.74%	1038	51	2035.29%
87	南京铁道职业技术学院	13106	15	1464	1528	95.81%	2988	5013	59.61%
88	徐州工业职业技术学院	13107	20	1731	2279	75.95%	3251	5215	62.34%
89	江苏信息职业技术学院	13108	15	728	1770	41.13%	1600	4841	33.05%
90	南京信息职业技术学院	13112	25	5583	2726	204.81%	10615	8091	131.20%
91	常州机电职业技术学院	13114	20	2550	2433	104.81%	4163	5232	79.57%
92	江阴职业技术学院	13137	14	1283	813	157.81%	2443	1815	134.60%
93	无锡太湖学院	13571	18	1451	953	152.26%	2402	3434	69.95%
94	金陵科技学院	13573	19	156	1725	9.04%	644	6050	10.64%
95	无锡城市职业技术学院	13748	8	231	783	29.50%	468	2652	17.65%
96	无锡工艺职业技术学院	13749	13	887	915	96.94%	1272	2270	56.04%
97	苏州健雄职业技术学院	13751	18	1885	1720	109.59%	3617	4528	79.88%

115

续表

序号	学校名称	代码	专业数	招生数（人）				在籍生数（人）		
				继续教育(A)	全日制教育(B)	A：B(%)	继续教育(A)	全日制教育(B)	A：B(%)
98	江苏财经职业技术学院	13753	18	2345	2499	93.84%	4629	6192	74.76%
99	扬州工业职业技术学院	13754	8	650	1396	46.56%	879	3562	24.68%
100	南京机电职业技术学院	14056	6	954	380	251.05%	2040	1487	137.19%
101	宿迁学院	14160	16	1498	1854	80.80%	2657	7477	35.54%
102	苏州高博软件技术职业学院	14163	5	454	148	306.76%	598	642	93.15%
103	南京旅游职业学院	14180	5	/	/	/	191	3262	5.86%
104	江苏卫生健康职业学院	14255	9	459	2381	19.28%	1185	5210	22.74%
105	宿迁泽达职业技术学院	14293	9	494	1230	40.16%	531	4014	13.23%
106	苏州工业园区服务外包职业学院	14295	5	1	577	0.17%	157	1565	10.03%
107	徐州幼儿师范高等专科学校	14329	1	256	652	39.26%	1124	3642	30.86%
108	徐州生物工程职业技术学院	14404	6	59	955	6.18%	93	2488	3.74%
109	江苏第二师范学院	14436	11	2004	1508	132.89%	3180	4846	65.62%
110	江苏城乡建设职业学院	14543	25	1191	1123	106.06%	1942	1369	141.86%
	合计			302206	194560	155.33%	687614	649582	105.85%